Por trás das chamas

Nilmário Miranda
Carlos Tibúrcio
Pedro Tierra (Hamilton Pereira)

Por trás das chamas
Mortos e desaparecidos políticos –
60 anos do golpe militar de 1964

expressão
POPULAR
2024

Copyright © 2024 Nilmário Miranda, Carlos Tibúrcio, Pedro Tierra (Hamilton Pereira)
Copyright © desta edição Editora Expressão Popular

Pesquisa e preparação dos anexos: Tatiana Carlotti e Alexandre Souza

Projeto gráfico, diagramação e capa: Lafgraf

Capa: fotomontagem da Usina da Cambahyba, forno e dos 12 mortos e desaparecidos cujos corpos foram incinerados na Usina, segundo confissão de agente torturador.

Dados Internacionais de Catalogação na Publicação (CIP)

M672p Miranda, Nilmário

Por trás das chamas: mortos e desaparecidos políticos – 60 anos do golpe militar de 1964 / Nilmário Miranda, Carlos Tibúrcio, Pedro Tierra (Hamilton Pereira). – São Paulo : Expressão Popular, 2024.
192 p.

ISBN: 978-65-5891-134-0

1. Golpe militar de 1964. I. Tibúrcio, Carlos. II. Tierra, Pedro. III. Título.

CDD: 331
CDU: 331

André Felipe de Moraes Queiroz – Bibliotecário – CRB-4/2242

Todos os direitos reservados.
Nenhuma parte deste livro pode ser utilizada ou reproduzida sem a autorização da editora.

1.ª edição: abril de 2024

EDITORA EXPRESSÃO POPULAR
Alameda Nothmann, 806-816, salas 6 e 8
CEP: 01216-001 – São Paulo – SP
livraria@expressaopopular.com.br
www.expressaopopular.com.br

 ed.expressaopopular

 editoraexpressaopopular

Sumário

Apresentação
Um livro de intervenção — 7

1. Da Casa da Morte aos fornos da Cambahyba:
práticas nazistas da ditadura — 17

2. Os anjos morrem jovens
relâmpago Molipo/ALN — 35

3. A saga do Capitão da Guerrilha
contraofensiva, impasse e massacre : VPR-VAR-MR8 — 47

4. "Só queria agasalhar meu anjo…" MR8
Stuart e Zuzu Angel — 59

5. Ações, resistências e mortes
PCBR, MRT, AP e Polop-POC — 65

6. Guerrilha do Araguaia: : PCdoB
epopeia sem fim — 75

7. Chacina da Lapa
Comitê Central do PCdoB — 81

8. Geração de profetas
igreja entre a ditadura e os pobres — 85

9. A asa do condor
rede de repressão na América do Sul — 101

Anexos

Advocacia e ditadura
Registro e homenagem a profissionais da Justiça 110

Comissão Nacional da Verdade
Legislação, conclusões e recomendações 113

Lugares de memória
Uma das missões a serem realizadas com urgência 132

Gráficos e estatísticas
Visão geral de todos os casos de mortos e desaparecidos politicos 135

Nomes por locais de nascimento e de morte
Listas por Estado de nascimento 143

Lista geral
com os nomes em ordem alfabética 158

Bibliografia 171

Romances e poesia 176

HQ e fotografia 177

Peças de teatro 178

Filmografia 180

Autores 187

Apresentação
Um livro de intervenção

2024 marca os 60 anos do golpe de 1964, que gerou uma ditadura civil-militar de 21 anos de duração no Brasil.

O regime de exceção acabou formalmente em 1985. Lá se vão 39 anos, tempo suficiente para que o povo brasileiro já tivesse feito um pleno e total acerto de contas com os responsáveis pela violação da democracia em nosso país e por crimes bárbaros contra a humanidade, imprescritíveis, e até hoje impunes.

Não é por menos que este livro começa com um relato dramático e revelador sobre práticas verdadeiramente nazistas de agentes da repressão tanto na Casa da Morte, em Petrópolis, como na Usina Cambahyba, em Campos dos Goytacazes, ambos municípios do Rio de Janeiro. Além de prender arbitrariamente, sequestrar, torturar e assassinar cidadãs e cidadãos brasileiros, a grande maioria jovens, que se insurgiam contra o regime ditatorial, mutilavam e incineravam seus corpos nos fornos da usina.

Este é um livro de intervenção política e pedagógica. Estão reunidas aqui apenas nove histórias – resumidas, mas relevantes –, sobre a ditadura e as lutas de várias organizações de esquerda para enfrentá-la e tentar derrubá-la. Confrontos quase sempre desiguais, com resultados no geral dramáticos e cruéis para a militância. Gerações que vieram depois desse período, principalmente a juventude atual, desconhecem grande parte desses acontecimentos. A emergência mais recente de movimentos de extrema-direita e neofascistas, não somente no Brasil, difundindo cada vez mais informações falsas e valores ideológicos antidemocráticos, torna esse conhecimento cada vez mais necessário e imprescindível.

Além dos nove capítulos, os Anexos, no final do livro, trazem um registro em homenagem aos profissionais da Justiça, especialmente advogadas e advogados, que ousaram enfrentar o arbítrio daquela época; incluem também os resultados e as 29 recomendações da Comissão Nacional da Verdade, quase todas ainda não implementadas; destacam exemplos de Lugares de Memória que podem e devem ser criados e divulgados em todo o país; e, por fim, apresentam gráficos e dados estatísticos detalhados sobre os mortos e desaparecidos políticos e outras informações que certamente poderão contribuir para o debate desse tema.

Uma longa ditadura

O golpe militar, que instituiu a ditadura civil-militar em primeiro de abril de 1964, durou 21 anos. A mais longa na história do país.

Inicialmente, diziam que ela duraria um ano e que devolveriam o poder aos civis em 1965. Era mentira. A Constituição de 1946, democraticamente elaborada por deputados constituintes eleitos, foi anulada.

Os cinco governos militares: Castelo Branco, Costa e Silva, Garrastazu Médici, Ernesto Geisel e João Figueiredo foram escolhidos nos quartéis e homologados por um Congresso intimidado, submisso, sem autonomia, ferido por sucessivas cassações de mandatos.

Os generais governaram por atos institucionais. Em 1965, em vez de realizarem eleições para presidente, fizeram-na apenas para governadores. Perderam para os candidatos de oposição em Minas e no Rio de Janeiro, Israel Pinheiro e Negrão de Lima.

Em represália, a ditadura extinguiu os partidos existentes e no ano seguinte impôs o bipartidarismo, com ARENA e MDB.

Carlos Lacerda, um dos mais exaltados protagonistas do golpe, aliou-se a JK e a João Goulart e formaram a Frente Ampla, que foi terminantemente proibida.

A eleição para presidente só viria depois de um dos maiores movimentos de massa do país – Diretas Já! – e da Constituição de 1988, depois de 25 anos do golpe.

As novas regras

A ditadura impôs novas regras para as eleições, interveio e destituiu diretorias de centenas de sindicatos, reprimiu os estudantes, perseguiu ferozmente as Ligas Camponesas e os nascentes Sindicatos de Trabalhadores Rurais, cassou juízes e restringiu a ação dos advogados empenhados na defesa do Estado Democrático de Direito.

Interferiu também fora do país, enviando tropas em 1965 para a invasão da República Dominicana liderada pelos Estados Unidos, na derrubada do presidente Juan José Torres na Bolívia, em 1972; no golpe contra o presidente Salvador Allende, apoiando a ditadura de Pinochet em 1973; no Uruguai também em 1973; na Argentina em 1976.

O Ato Institucional nº1 disparou um número enorme de cassações de deputados, governadores, prefeitos, deputados estaduais, vereadores.

Suspendeu os direitos políticos de opositores, promoveu a demissão de servidores sem apelação. Quase 7 mil militares de formação democrática que repudiavam a ditadura foram expurgados sem qualquer direito assegurado.

Todos os atos institucionais concentraram o poder, suprimiram direitos civis, políticos, individuais ou coletivos. Milhares de pessoas foram presas arbitrariamente.

Foi instituída nas redações uma ampla censura a jornais, revistas, livros, ao rádio e à TV.

A ditadura criou o SNI – Serviço Nacional de Informações –, com poderes ministeriais, que controlou, vigiou, estabeleceu um controle sem precedentes da sociedade. Os chefes do SNI eram tão poderosos que de lá vieram dois presidentes, Médici e Figueiredo.

Seus tentáculos estavam nas Universidades, ministérios, estatais, em todos os cantos do país.

A doutrina da Segurança Nacional, que incluiu 3 leis de Segurança Nacional, estabeleceu a figura do "inimigo interno" e não a preparação do país para ameaças externas.

Um novo aparato repressivo emergiu: prisões arbitrárias, sem ordem judicial, torturas como método sistemático de interrogatórios, assassinatos políticos, criminalização das manifestações.

Trabalhadores, o principal alvo

Apesar das prisões, da censura, das cassações, do exílio dos perseguidos, da opressão sufocante, o povo resistiu.

Posteriormente, os historiadores tiveram acesso às pesquisas que apuraram que Jango era o favorito em relação a todos os adversários no processo eleitoral previsto para 1965. Logo, tinha apoio popular.

A reação popular veio da juventude, dos estudantes.

A UNE, que teve a sede incendiada no Rio de Janeiro e seus dirigentes exilados, foi rearticulada em 1966, no Congresso de Belo Horizonte.

O movimento estudantil repudiou a imposição da lei Suplicy (Flávio Suplicy de Lacerda, primeiro ministro da Educação da ditadura) e reorganizou as entidades de base municipais e estaduais. Sempre nas ruas, com passeatas e assembleias.

A partir de 1967, os secundaristas e os estudantes das escolas técnicas entraram na luta contra a ditadura. E contra o acordo MEC-USAID.

Os trabalhadores foram o principal alvo da repressão.

Mais de mil sindicatos sofreram intervenção federal, e direções "pelegas" foram impostas, assim como nas federações e confederações, que passaram a ser controladas pelas Delegacias Regionais do Trabalho.

A Lei Antigreve retirou a principal arma de negociação.

A ditadura impôs um duro arrocho salarial. Sem sindicatos livres e sem direito de greve, os trabalhadores tiveram seus salários achatados e foram esbulhados. Os sindicatos sobre direção dos "pelegos" assumiram funções do Estado na saúde e até na educação.

Os camponeses e os trabalhadores assalariados rurais se organizaram nas ligas camponesas para a reforma agrária e o acesso à terra, os assalariados estavam na organização da CONTAG e dos sindicatos de trabalhadores rurais.

No famoso Comício da Central do Brasil, em 13 de março de 1964, Jango lançou a desapropriação de terras em torno dos lagos, ferrovias e estradas federais e a Superintendência de Reforma Agrária (SUPRA), despertando o ódio do latifúndio.

Os sindicatos dos trabalhadores rurais (STrs) só cuidavam de aposentadorias, que excluíam as mulheres. De todo modo, eles se tornavam focos de resistência.

A luta pela reforma agrária e os conflitos foram criminalizados.

A resistência

A resistência cultural foi notável - na música, no teatro, cinema, nas artes visuais, na literatura, na poesia.

A Igreja Católica, apoiadora do golpe com os jargões tradicionais de suposta defesa "da família e da propriedade", já vinha se transformando em suas bases desde o Concílio Vaticano II, ancorada na opção preferencial pelos pobres.

A Igreja na América Latina abraçava a Teologia da Libertação em um movimento molecular para a participação de mulheres, homens e da juventude nas Comunidades Eclesiais de Base (CEBs).

Os advogados criminalistas passaram a assistir os presos políticos sem condições de pagar os serviços, sem ganhos.

Até o AI-5 (13 de dezembro de 1968) existia o habeas corpus para os crimes políticos, como era denominada a desobediência à opressão e ao arbítrio. No período pós AI-5, abolido o habeas corpus, as Comissões de Justiça e Paz aglutinavam os advogados corajosos que assistiam aos torturados.

A imprensa da esquerda do PCB, do PCdoB, da esquerda católica, da luta sindical e estudantil, foi totalmente cerceada. A censura e a perseguição aos jornalistas e radialistas se intensificaram no golpe.

Na resistência, jornais que tinham apoiado o golpe foram se tornando críticos. Além do Última Hora, da Tribuna da Imprensa (ligado a Lacerda), do Correio da Manhã, os jornalões começam a abrir espaço para colunistas influentes e críticos que a censura não calou.

Aliás, o pretexto para o "golpe dentro do golpe" foi um discurso do jornalista do Correio da Manhã e deputado federal, Márcio Moreira Alves, no dia 7 de setembro de 1968, criticando a repressão aos estudantes. A Câmara reagiu e negou o pedido de sua cassação, sob a liderança de Mário Covas.

O AI-5 foi o endurecimento da ditadura, depois das grandes mobilizações da juventude, com apoio de artistas, o engajamento dos católicos e a crítica da imprensa, antes servil.

A ditadura se assustou com as greves de Contagem e Osasco. Na de Contagem, partida das fábricas, Jarbas Passarinho, então ministro do Trabalho, foi a Belo Horizonte e anunciou um abono de 10% sobre os salários arrochados para neutralizar o crescimento da reação operária.

Escalada da repressão

Em 13 de dezembro de 1968 foi decretado o AI-5, que significou o recrudescimento da ditadura. A censura entrou nas TVs, nas redações dos jornais e revistas de grande circulação, levando ao fechamento do Correio da Manhã e a prisão da jornalista Niomar Bitencourt, sua presidente.

A tortura foi institucionalizada com a adoção de um prazo de 10 dias para apresentar o preso à Justiça Militar (esse prazo nunca foi respeitado), com o cancelamento do habeas corpus para presos políticos; com a cassação de três ministros do Supremo Tribunal Federal (STF), a única na história; com a derrogação da inamovibilidade dos juízes e o aumento do número de ministros para deterem o controle absoluto, com as reiteradas prisões de advogados.

O Exército centralizou a repressão na "guerra interna" contra as oposições armadas e as oposições que atuavam dentro do parlamento. A partir da experiência da OBAN em São Paulo, foram criados os DOI-CODIs, que agregaram a Marinha (CENIMAR), Aeronáutica (CISA), Polícia Federal, os DOPS da Polícia Civil e até mesmo as Guardas Civis Municipais.

O odioso decreto 477 foi editado para expulsar centenas de estudantes, professores e servidores da Universidade. Chegaram ao extremo de prender e humilhar artistas como Caetano e Gil, que depois foram para Londres. Geraldo Vandré foi forçado ao exílio e muitos saíram do país para poder respirar.

Várias organizações de esquerda foram à luta armada, promovendo assaltos a bancos, sequestro de embaixadores em troca de presos políticos. Entre estes, 130 foram banidos com seus passaportes cancelados.

ALA VERMELHA, ALN, MOLIPO, PCBR, MRT, MR-8, VPR, VAR-PALMARES foram as principais organizações que tiveram militantes mortos, desaparecidos e expulsos do país, mas outros partidos e organizações que não adotavam a resistência armada, como o PCB, POLOP (incluindo POC e OCML – PO), Ação Popular, grupos trotskistas e outros, também enfrentaram as mesmas situações.

Os DOI-CODI, sempre comandados por um alto oficial do Exército, tinham carta branca para as torturas, os assassinatos e o desaparecimento de pessoas. Foram criadas estruturas clandestinas como a Casa Da Morte de Petrópolis e similares.

O Exército mobilizou dezenas de milhares de efetivos para esmagar os guerrilheiros que estavam se organizando no Araguaia, com uma censura rigorosa para acobertar o desaparecimento de 64 guerrilheiros.

O general Golbery, principal ministro de Geisel, propôs uma abertura "lenta, gradual e segura" para aliviar a crescente insatisfação política no país e as repercussões negativas no exterior com o "Terrorismo de Estado".

Em 1974, a ditadura permitiu uma propaganda eleitoral mais livre e o povo brasileiro deu um recado inequívoco. O MDB, mesmo ferido por cassações, elegeu 16 dos 21 senadores em disputa e ampliou o número de deputados oposicionistas, os "autênticos", inclusive nas Assembleias Legislativas nos estados.

A cidadania perde o medo

A derrota política da ARENA se somava a outro fator relevante que inauguraria um período novo da resistência à ditadura. O assassinato sob torturas do jornalista Vladimir Herzog teve um impacto enorme em São Paulo e no Brasil.

Herzog trabalhava na TV Cultura. Ao ser procurado por agentes do DOI-CODI de São Paulo, o mais aparelhado do país, ao lado do DOI CODI-RJ, ele se apresentou voluntariamente no inferno da Rua Tutóia. No dia seguinte, apareceu na mídia a sua foto morto, num suposto suicídio, em montagem grotesca.

A missa na Catedral da Sé, com dom Paulo Evaristo, o rabino Henry Sobel, o pastor evangélico Jaime Wright, aglutinou um público sem precedentes após o AI-5, ignorando e driblando o cerco policial para tentar impedir o acesso.

A cidadania perdeu o medo. A partir daí, desempenhou um importante papel o sindicato dos jornalistas, somando-se a reação da sociedade civil, a indignação dos artistas, o destemor das mulheres. Surgia o Movimento Feminino pela Anistia (MFA).

Avançava a imprensa alternativa, claramente de oposição e de esquerda. Começou com o tabloide Opinião. Depois surgiu o Movimento. Devido à censura, os jornais às vezes precisavam de produzir três edições para sair uma. Vieram então o Em Tempo, Versus, Coorjornal. Antes de todos estes, o icônico Pasquim com seu humor corrosivo e petulante. E jornais regionais como Varadouro, no Acre. O jornal dos bairros, na cidade industrial de Contagem. O ABC do ABC paulista. Unibairros, em Juiz de Fora.

O Movimento pela Anistia cresceu tanto que inspirou e se desdobrou no Comitê Brasileiro Pela Anistia.

Prestaram seu apoio e solidariedade ao Movimento pela Anistia artistas como João Bosco, Aldir Blanc, Elis Regina entre tantos outros - e a canção "O Bêbado e o Equilibrista" virou inclusive um hino da iniciativa. Chico, Milton, Edu, Caetano, Gil, Gonzaguinha, Paulo César Pinheiro. E as ações pela anistia chegaram às TVs, inclusive à Globo.

Em 1977, ressurgiu o movimento estudantil e novos personagens entraram em cena. Surgia o movimento social urbano com o Movimento Contra a Carestia, as creches, as organizações de bairros.

Além das famílias dos mortos e desaparecidos políticos, sempre presentes, dos exilados, a resistência dos presos políticos nos cárceres - e uma extraordinária geração de bispos e outros religiosos comprometidos com o povo e com os direitos humanos.

A volta da liberdade

O fechamento do Congresso em 1977 com a edição do Pacote de Abril visava impedir a vitória do MDB na eleição de 1978, que escolheria os novos governadores e poderia aprovar a Anistia ampla, geral e irrestrita.

A ditadura reagiu com a criação dos senadores biônicos, a transformação de territórios em estados para manter a maioria, mesmo com menos votos - os famigerados casuísmos.

A explosão libertária trazia à tona a luta das mulheres contra a desigualdade, dos negros contra o racismo, das comunidades LGBT, das periferias, dos camponeses, o trabalho do CIMI e das organizações indígenas. Só faltava a classe trabalhadora que passou a impactar o país com greves de dezenas de milhares de trabalhadores, principalmente no ABC paulista.

A Anistia chegou em 1979 embalada na voz da maior conversão política do período: o usineiro alagoano Theotônio Vilela abraçava a luta contra a ditadura e passava a percorrer o país em defesa da democracia e da anistia. A proposta de Anistia Ampla, Geral e Irrestrita perderia por 8 votos, mas seria uma derrota com sabor de vitória e com consequências positivas.

Era a volta de Brizola, Arraes, Prestes, do "irmão de Henfil" Betinho de Souza, dos banidos, de milhares de exilados/asilados.

O bipartidarismo se desmoralizava e surgiriam os novos partidos. O PDT de Brizola, o PSB de Arraes, o PT com os novos sindicalistas, estudantes, participantes de comunidades eclesiais de base e muitos intelectuais orgânicos.

O PCB e o PCdoB deram a volta por cima. Nas eleições para governador de 1982, o partido da ditadura, o PDS, que sucedeu a ARENA, foi derrotado em Minas Gerais (Tancredo), Rio (Brizola), Pernambuco (Arraes), São Paulo (Franco Montoro), Paraná (Richa) e Rio Grande do Sul (Pedro Simon).

Nos anos seguintes, as Diretas Já! levariam milhões às ruas.

Mesmo a emenda Dante de Oliveira não tendo sido vitoriosa, a ditadura seria derrotada. Tancredo venceria no colégio eleitoral, mas viria a falecer antes da posse. Outra conversão: Sarney, último presidente da ARENA, assumiria o poder convocando a Constituinte.

Em 1989, aconteceria a primeira eleição direta para presidente. No entanto, a transição sob a hegemonia conservadora, a impunidade para os torturadores, cobraria o seu preço.

O golpe de 2016

Depois de quatro eleições consecutivas para Presidente da República vencidas pelo PT e forças aliadas, os herdeiros de 1964 conseguiram impor o impeachment de Dilma Rousseff sem crime de responsabilidade, um golpe evidente, propiciando a posse de Temer em 2016 e depois a prisão política de Lula para impedi-lo de concorrer em 2018. A eleição de Bolsonaro e a emergência da extrema-direita neofascista impuseram uma regressão profunda ao Brasil e novos desafios para a democracia e a justiça social, a exemplo do que vem ocorrendo também em outros países.

Mas Lula e o PT, com uma ampla frente, voltaram a vencer em 2022, derrotando eleitoralmente o bolsonarismo e a tentativa golpista de 8 de janeiro de 2023.

Pela primeira vez na história do nosso país, generais e oficiais de alta patente das Forças Armadas estão respondendo na Justiça por crimes contra a democracia. Pela primeira vez, vários deles poderão vir a ser condenados e presos.

Uma porta aberta no presente que poderá projetar luzes para o futuro e também para o passado.

A democracia no Brasil, para se tornar plena, ampla e consolidada, continua tendo pela frente o inexorável desafio de completar uma Justiça de Transição que permanece há praticamente quatro décadas interrompida e inacabada .

Daí este livro.

Os autores.

Da Casa da Morte
aos Fornos da Cambahyba:
práticas nazistas da ditadura

45 anos depois de Inês Etienne Romeu deixar o cárcere político e, anistiada, denunciar à Ordem dos Advogados do Brasil (OAB) a existência da Casa da Morte, operada pelo Centro de Informações do Exército (CIE), o imóvel desapropriado, onde funcionou o centro clandestino de torturas da ditadura, dará lugar a um memorial de Direitos Humanos em Petrópolis, no Rio de Janeiro. A Universidade Federal Fluminense (UFF) será a gestora da Casa da Vida, que mostrará os horrores ali perpetrados para que não se esqueça, para que nunca mais aconteça. O Ministério dos Direitos Humanos e Cidadania (MDHC), por sua vez, repassará um valor de indenização à prefeitura de Petrópolis, responsável por entregar o imóvel à universidade.

É um fato histórico. Há décadas as organizações de defesa dos direitos humanos do município, os parlamentares, o Ministério Público Federal (MPF), as Comissões da Verdade de Petrópolis e as do Rio de Janeiro e a Comissão Nacional da Verdade (CNV) lutam por este memorial.

Pena que Inês Etienne, a única sobrevivente do centro clandestino de tortura, não tenha vivido para ver a transformação da Casa da Morte em memorial de Direitos Humanos. Graças ao Ministério Público Federal, o torturador Antônio Waneir Pinheiro de Lima, o "Camarão", está sendo processado pela Justiça Federal por tê-la estuprado, duas vezes, na Casa da Morte.

Inês morreu em 2015, aos 72 anos, sofrendo as graves sequelas físicas e de fala, decorrentes de um suposto "acidente doméstico", ocorrido em seu apartamento, em São Paulo. Em 11 de setembro de 2003 ela foi encontrada por sua diarista, caída e ensanguentada. Não havia sinais de arrombamento no local. Levada ao Hospital João XXIII, em Belo Horizonte, ela foi recebida pelo amigo e médico Jorge Nahas, diretor do hospital, que cuidou para que fosse bem atendida.

Ele descartou a hipótese de suicídio porque havia cinco perfurações na calota do cérebro de Inês, se fosse o caso, a primeira já impediria as demais. Do mesmo modo, acidente nenhum levaria àquelas lesões. Não é possível descartar, portanto, que tenha havido uma operação daqueles canalhas, que nunca foram punidos e que se reorganizaram em torno de forças de segurança vinculadas à contravenção e ao crime organizado.

Inês Etienne Romeu foi a única pessoa que saiu viva da Casa da Morte de Petrópolis. Depois de oito anos de cárcere político, ela foi libertada com a Anistia de 1979. No longo e minucioso depoimento que entregou à OAB por escrito, Inês Etienne denuncia a existência do sinistro lugar. Conta quem eram os oficiais do Exército que operavam e controlavam o aparato clandestino do CIE. Identifica os militantes supliciados, assassinados e tornados desaparecidos políticos naquele local e registra a presença do médico Amilcar Lobo, monitorando os torturados.

Em 2009, como reconhecimento por seu gesto heroico de denunciar a existência do centro clandestino, ela recebeu das mãos do presidente da República, Luiz Inácio Lula da Silva, o *Prêmio Nacional dos Direitos Humanos*. Inês Etienne Romeu jamais será esquecida.

100 dias na Casa da Morte

Em 5 de maio de 1971, Inês Etienne, militante da Vanguarda Popular Revolucionária (VPR), VAR-Palmares e Polop, foi presa pelo delegado Sérgio Fleury e levada ao centro de tortura do Largo General Osório, em São Paulo. O próprio Fleury lhe contou que havia matado Carlos Marighella; Joaquim Câmara Ferreira, o Toledo, sucessor de Marighella no comando da Ação Libertadora Nacional (ALN); Eduardo Collen Leite, o Bacuri; e muitos outros. Fleury também disse que se não traísse os seus companheiros, Inês iria conhecer a "sucursal do inferno".

Frente à recusa em delatar companheiras e companheiros, ela foi moída na tortura: pau-de-arara, choques elétricos por todo o corpo desnudo. No limite da resistência, "abriu um ponto" falso, em Cascadura, no Rio de Janeiro, para ganhar e dar tempo aos companheiros da Vanguarda Popular Revolucionária (VPR) para tomarem providências e se protegerem. No dia seguinte, levada a um ponto de ônibus em Sorocaba, ela se atirou na frente de um ônibus com o intuito de se matar. Gravemente ferida, Inês passou por dois hospitais de emergência e pelo Hospital Central do Exército.

Em 8 de maio de 1971, Inês Etienne foi conduzida encapuzada para o centro clandestino operado pelo DOI-CODI do Rio de Janeiro: a Casa da

Morte de Petrópolis, onde aconteceram as torturas e os estupros. Não era um quartel ou uma delegacia. Ninguém ali era fichado ou registrado. Com sua memória excepcional, ela registrou tudo o que viu e ouviu ao longo dos 100 dias que permaneceu presa.

Os próprios torturadores lhe contaram "seu amigo passou por aqui", referindo-se a Carlos Alberto Soares Freitas, principal liderança da VAR-Palmares e seu amigo fraterno desde antes do golpe. Inês ouviu também que Marilena Vilas Boas havia estado lá e, antes, Aluízio Palhano, líder sindical e dirigente da VAR-Palmares. E chegou a conversar com Mariano Joaquim dos Santos, líder camponês em Pernambuco.

Inês passou 100 dias na Casa da Morte e só sobreviveu porque mentiu. Disse que aceitava se infiltrar nas organizações de esquerda para desarticulá-las e entregar outros combatentes aos facínoras que praticavam o terrorismo de Estado. Mentiu para preservar a verdade e assim foi deixada, pesando menos de 40 quilos, na porta do prédio na rua dos Tupis, no centro de Belo Horizonte, onde moravam seus familiares.

Com apoio da família e através de advogados conhecidos, Inês Etienne se entregou à Justiça Militar para cumprir sua pena no presídio Talavera Bruce, no complexo de Bangu, no Rio de Janeiro. Ela estava condenada à prisão perpétua por sua participação no sequestro do embaixador alemão Ehrenfried von Holleben, trocado por 40 presos políticos.

Após 100 dias de Casa da Morte, ela passaria oito anos de cárcere político até ser libertada em 1979, com a anistia. No presídio, Inês Etienne pôde contar com uma rede de proteção mantida pelas presas políticas, advogadas e apoiadores que zelaram por sua vida durante sua permanência como presa política.

Em 1975, Jarbas Marques, também preso político, que cumpria pena em Brasília, propôs que os dois se casassem como uma forma de proteção. E assim foi feito. Como era condenada à prisão perpétua (depois a pena passou para 30 anos), ela chegou ao local da cerimônia sob forte escolta policial e eles se casaram algemados em uma cerimônia de poucos minutos. Nos quatro anos seguintes, encontraram-se apenas uma vez e, após a anistia, o casamento foi desfeito.

Ciente do horror que a Casa da Morte despertaria, Inês só tornou pública a sua denúncia após ser libertada da prisão depois da anistia, e quando a imprensa não padecia mais da censura do AI-5, derrogado em 1978.

Localização do centro clandestino

Foi somente em fevereiro de 1981 que Inês Etienne se sentiu segura para ajudar na localização do imóvel. Ela recordava ter ouvido o prefixo 4090 em conversas telefônicas, também tinha visto e sido vista por Mário Lodders, o proprietário que cedeu a Casa da Morte ao CIE. Com esses dados, foi possível encontrar o número 50 da rua Arthur Barbosa, no bairro Caxambu, em Petrópolis.

Por obra do destino, ao chegar na rua do imóvel, acompanhada por advogados, familiares de presos políticos e parlamentares, Inês reconheceu Lodders saindo de carro, de outra casa próxima. A partir daí, a imprensa e sociedade civil petropolitana se encarregaram de jorrar informações sobre o local. Descobriu-se, por exemplo, que a Casa da Morte havia sido construída por Richard Lodders, um migrante alemão simpatizante do nazismo que ali se instalou em 20 de janeiro de 1942. Um lugar magnífico em um bairro desabitado de Petrópolis que acabou cedido por Mário Lodders ao ex-prefeito interventor Fernando Sérgio Aires da Mota, intermediário do Centro de Informações do Exército (CEI).

No minucioso e substancioso relatório que escreveu à OAB, Inês Etienne vai muito além da descrição da crueldade e das humilhações que padeceu, das torturas e estupros, do fazer-se de colaboradora para sobreviver e sair daquela "sucursal do inferno". No depoimento dado ao então presidente da OAB, Eduardo Seabra Fagundes, em 5 de setembro de 1979, ela nomeia sete oficiais do Exército que atuaram na Casa da Morte, entre 8 de maio de 1971 e 11 de agosto de 1971. São eles: coronel Etchegoyen ("Dr. Bruno"); coronel Orlando de Souza Rangel ("Dr. Pepe"); major Paim Sampaio ("Dr. Teixeira"); capitão Paulo Malhães ("Dr. Pablo"); capitão Freddie Perdigão Pereira ("Dr. Nagib" ou "Dr. Roberto"); José Brant Teixeira ("Dr. César"); e um "Dr. Guilherme".

Posteriormente, em depoimento à Comissão Nacional da Verdade, o torturador Paulo Malhães confirmou que a Casa da Morte – ele repudiava esse nome – era do Centro de Informações do Exército e confessou que havia torturas no local. A Comissão Nacional da Verdade inclusive publicou a estrutura dos DOI-CODI, deixando explícito que o Exército centralizou a "guerra interna" contra os cidadãos que se opunham à ditadura, independente deles pertencerem ou não às organizações que resistiam na luta armada; e que os DOI-CODI funcionavam com plena autonomia para torturar e matar.

A Casa da Morte era, portanto, um lugar clandestino, mas articulado e comandado desde a cúpula da ditadura. Um documento oficial de 1977 do II Exército (SP), que traz um balanço desde o início dos DOI-CODI, por decisão de Costa e Silva, revela que em três anos, 90 militares que serviam no DOI-CODI receberam a Medalha do Pacificador (!) e comemoraram os 54 opositores mortos (não citam, por óbvio, os desaparecidos). Dos 3.500 presos, ninguém escapava da tortura (pau-de-arara, cadeira do dragão, espancamento, choques elétricos, celas escuras e outras formas de violações, inclusive violência sexual).

O DOI-CODI do Rio de Janeiro, chegou inclusive a articular atentados terroristas para sabotar a "abertura" política de Geisel, sucessor de Médici. Tratava-se de uma estratégia política, elaborada pelo general Golbery do Couto e Silva, na Casa Civil, para dar continuidade ao regime militar.

Ventos democráticos

Em 1974, as eleições diretas para deputados, senadores e vereadores e parte dos prefeitos permitiram ao Movimento Democrático Brasileiro (MDB) avançar sobre 16 das 21 vagas em disputa no Senado, elegendo uma bancada ainda maior de deputados federais, 161 cadeiras das 364 existentes. As urnas rejeitavam o terrorismo de Estado de Médici, os DOI-CODIs, o ataque do Estado contra o próprio povo.

Um ano antes, a reação contra o assassinato de Alexandre Vanucchi, em 17 março de 1973, no DOI-CODI de São Paulo, havia demonstrado que a sociedade estava exausta das torturas indiscriminadas. Na sequência, o assassinato do jornalista Wladimir Herzog, em 25 outubro de 1975, levaria milhares de pessoas à Praça da Sé, sob a condução grandiosa de Dom Paulo Evaristo Arns. Em 17 janeiro de 1976, a nova morte sob torturas do pacato metalúrgico Manoel Fiel Filho obrigaria Geisel e Golbery a afastarem o Comando Militar do II Exército, ao qual o DOI-CODI estava subordinado.

Nesse período, as mulheres, sem medo, organizaram o Movimento Feminino pela Anistia. Estudantes, artistas, intelectuais, a geração notável de bispos, jornalistas, sindicalistas, presos políticos, ex-presos políticos e os milhares de exilados que passaram a exigir a democracia. Em reação a esses movimentos da sociedade civil e acossado pelos "porões da ditadura", o governo Geisel resolve fechar novamente o Congresso, editando o "Pacote de Abril de 1977". O objetivo era evitar uma derrota eleitoral em 1978, ainda maior do que a de 1974.

Em 1978, após dez anos de vigência, o AI-5 deixou de vigorar. O próprio governo norte-americano já não apoiava mais as torturas, censuras e perseguições a juízes e à Igreja. Ao mesmo tempo, vários países e organizações internacionais – como a Anistia Internacional, o Conselho Mundial de Igrejas Cristãs, os organismos de direitos humanos da OEA e da ONU, o Tribunal Russell – repudiavam as torturas, a execução extrajudicial de opositores à ditadura, o desaparecimento forçado de pessoas, a censura e perseguição à imprensa e aos jornalistas, as cassações de mandatários eleitos.

Países como o Uruguai (até o golpe nos anos 70), o Chile (até o golpe em 1973), o México, a Suécia, Bélgica, Holanda, França e Portugal (após o fim do salazarismo) acolhiam os militantes políticos que chegavam nesses países, trocados por embaixadores sequestrados. Estes, por sua vez, levavam a seus países os relatos da barbárie nos centros de detenção e tortura brasileiros. Enquanto isso, os exilados e asilados políticos montavam redes internacionais de denúncia, desnudando a ditadura brasileira.

Os DOI-CODIs e DOPS brasileiros utilizavam o pau-de-arara, a cadeira do dragão (cadeiras eletrificadas), "geladeiras" (celas com temperaturas abaixo de zero), as celas escuras com isolamento acústico e com sons altíssimos que levavam a perda de noção do tempo e ao impedimento do sono, a coroa-de-cristo (esmagamento do cérebro), além da fabricação de falas e a invenção de tiroteios para esconder as mortes que ocorriam dentro de suas instituições.

Terrorismo militar

Os militares sob proteção dos chefes, generais da ativa e do Executivo da ditadura, entraram em disputa contra a "abertura lenta, gradual e segura" do governo Geisel-Golbery. Partiram para ataques sistemáticos a bancas de jornais que vendiam a imprensa alternativa da época como o *Opinião*, *Movimento*, *Em Tempo*, *Hora do Povo*, *Versus* e outros periódicos ligados à esquerda ou de natureza regional. E deram início aos atentados contra os veículos de imprensa, inclusive os que haviam apoiado o golpe de 1964, mas que passavam à oposição ou apoiavam a "abertura". Daí os ataques contra o *Estadão*, o *Jornal do Brasil*, o fechamento do *Correio da Manhã* e a prisão de dona Niomar Bittencourt.

Impunes, os militares ligados aos porões da tortura começaram a realizar atos terroristas ainda mais violentos, como a carta-bomba endereçada ao presidente da OAB, Seabra Fagundes, que matou sua secretária, Dona Lyda Monteiro. Outro ataque, que poderia ter matado centenas de pessoas, visava explodir o gasômetro no Rio de Janeiro. Planejado pelo Brigadeiro João Paulo Burnier, o mesmo que com requintes de barbárie comandou o assassinato de Stuart Edgar Angel Jones e o desaparecimento de seus restos mortais, o ataque terrorista fracassou graças ao herói brasileiro Sérgio Ribeiro Miranda de Carvalho, o "Sérgio Macaco" do Para-Sar, piloto de helicóptero de salvamento da FAB, que se recusou a participar do massacre.

Outro mega atentado idealizado pelos militares, com capacidade de matar centenas de pessoas, previa a explosão de bombas no Riocentro, durante o show do 1.º de Maio de 1981. Promovido pelo Centro Brasil Democrático, o CEBRADE, o mega-evento contava com a participação voluntária de dezenas de artistas, entre os músicos, compositores, cantoras e cantores mais festejados do país.

Por trás das chamas

Foi planejado pela cúpula do CIE, com controle do DOI-CODI do Rio, teoricamente desativado desde 1977. Era o mesmo pessoal que comandara o assassinato e o desaparecimento de, pelo menos, 22 militantes na Casa da Morte de Petrópolis e dos que passaram pelo DOI-CODI da Barão de Mesquita. Também participavam os PMs que fariam a segurança do evento. Nas imediações do evento havia pixações da sigla da VPR, que não existia mais, em uma tentativa de atribuir a culpa da explosão à organização.

O atentado do Riocentro só fracassou porque a primeira das três bombas explodiu acidentalmente no colo do sargento Rosário dentro de um Puma. Do seu lado, estava o capitão Wilson Machado que foi socorrido pelos terroristas com as vísceras expostas. Para assegurar a sua impunidade, o militar que planejou o ato terrorista foi transferido para Brasília, onde se tornou instrutor de cadetes (!) naquela região militar, capital da República.

Confissões de Cláudio Guerra

Ao longo da vida, o ex-delegado Cláudio Guerra esteve ligado a crimes repugnantes, inclusive contra militantes políticos. Ao envelhecer e se tornar religioso, ele quis fazer uma confissão. Dentre os atentados militares para sabotar a "abertura" e os assassinatos de militantes políticos, Guerra revelou que transportava corpos já serrados, desde a Casa da Morte e do DOI-CODI-RJ para serem incinerados na usina Cambahyba, em Campos dos Goitacazes.

Seu depoimento foi dado ao político petista Perly Cipriano, militante dos direitos humanos que, antes de ouvi-lo, cuidou, por segurança, de garantir sua transferência do presídio em Viana, no Espírito Santo, para uma instituição de longa permanência. Perly também convidou dois jornalistas de sua confiança para ouvir, extrair e garimpar tudo o que Cláudio Guerra tinha a dizer. O resultado desse trabalho está no livro "Memórias de uma guerra suja", de Rogério Medeiros e Marcelo Neto, publicado em 2012.

Guerra então relatou ter sido convocado por Freddie Perdigão do CIE, ligado ao DOI-CODI-RJ, para pegar os corpos já serrados dos militantes políticos assassinados na Casa da Morte, em Petrópolis, e levá-los à Usina Cambahyba, em Campos dos Goytacazes, para serem incinerados nos fornos da usina depois das 18 horas. Foram levados por ele quatro corpos do DOI-CODI-RJ da Barão de Mesquita e oito corpos da Casa da Morte.

Guerra também confessou o assassinato de pelo menos dois militantes políticos, em Pernambuco e Minas Gerais. Disse ter se preparado para matar Brizola, mas que falhou. Também confirmou que os atentados a bomba visavam sabotar a "abertura lenta e gradual" de Geisel-Golbery, inclusive o monstruoso atentado do Riocentro, que poderia ter matado milhares de pessoas, entre elas, artistas de renome.

Carta branca para matar

A famosa reunião entre Médici, Ernesto e Orlando Geisel, que decidiu que o Exército deveria centralizar, coordenar Marinha, Aeronáutica, Polícia Federal, polícias estaduais para exterminar a guerrilha urbana e rural "baseou-se numa mentira, qualquer meio deveria ser empregado na guerra interna contra as oposições à ditadura".

Os DOI-CODIs tinham carta branca, autonomia, recursos financeiros e humanos para sequestrarem, fazerem prisões arbitrárias, torturarem, matarem e fazerem desaparecer com os corpos sem deixar vestígios. Documentos oficiais dão o ano de 1970 como a data de institucionalização dos DOI-CODIs. As resoluções que criaram essa estrutura davam ao general comandante da Região Militar o comando dessas máquinas de tortura e morte.

A Casa da Morte de Petrópolis e congêneres existiram para que não houvesse testemunhas dos que ali seriam mortos, com ocultação de corpos, sem qualquer forma de registro.

Dentre os 22 militantes identificados, cinco do PCB não só não faziam guerrilha urbana ou rural, como criticavam essa forma de luta adotada pela organização política. Dois eram da AP de Minas e optaram por não se integrarem ao PCdoB para participar da Guerrilha no Araguaia. O PCB, que não fazia a luta armada, através da Operação Radar, teve onze dirigentes do Comitê Central assassinados e desaparecidos e nada menos que 700 dirigentes estaduais presos, torturados e processados como "inimigos internos", pela Lei de Segurança Nacional.

Os militares que instituíram os DOI-CODIs para fazer a guerra suja para exterminar a oposição armada ou não, tinham dificuldades de desaparecer com os vestígios de pessoas que matavam, de se desfazerem dos corpos destroçados pela tortura. Desaparecimento de pessoas é um crime contra a humanidade, não pode haver testemunhas ou deixar indícios.

Por isso, Cláudio Guerra reuniu-se com os oficiais graduados do DOI-CODI do Rio de Janeiro, Freddie Perdigão e o comandante Antônio VIeira, e sugeriu usar os fornos da usina Cambahyba em Campos dos Goytacazes, para incinerar os corpos dos militantes que assassinaram a mais de 300 km na Casa da Morte, em Petrópolis, e a quase 400 km do DOI-CODI do Rio de Janeiro. Os três foram à usina e a aprovaram.

A usina era de Heli Ribeiro Gomes, de extrema-direita (TFP – Tradição, Família e Propriedade). Ele chegou a ser vice-governador do Estado do Rio de Janeiro entre 1967 e 1971. Os fornos nunca desligavam, mas não havia moeção de cana depois das 18 horas. Só seu filho João Lisandro (João Bala) e 2 empregados, Zé Crente e Vavá, participavam.

Em dezembro de 1973, Cláudio Guerra era um policial, que tinha servido como delegado no Espírito Santo, recolhendo os corpos e os levando à usina. As primeiras vítimas foram João Batista Rita e Joaquim Pires Cerveira, sequestrados pelo delegado Fleury em Buenos Aries e levados para o DOI-CODI de Barão de Mesquita.

Esperavam o encerramento dos trabalhos de moeção e depois das 18 horas eram incinerados, sem deixar vestígios, como nos campos de extermínio nazistas. Do DOI-CODI levaram Ana Rosa Kucinski. Cláudio Guerra viu seus corpos nus, dela e do marido, Wilson Silva. Ela com marcas de mordidas e de violência sexual. Ele sem as unhas da mão direita. Sem marcas de tiros, só de tortura.

Os demais corpos foram levados da Casa da Morte, em Petrópolis: Davi Capistrano, 61 anos, José Roman, também do PCB, Luiz Ignácio Maranhão Filho, PCB, 53 anos, João Massena Melo, PCB, Fernando Augusto de Santa Cruz Oliveira e Eduardo Collier Filho, jovens militantes da AP, de 26 anos, Thomáz Antônio da Silva Meirelles, ALN, e Armando Fructuoso, PCdoB. O cabo do exército Félix entregava os corpos já serrados na garagem da Casa da Morte.

Em troca pelo uso dos fornos da usina, Heli Ribeiro Gomes recebia benefícios, investimentos do governo militar.

O general Hamilton Mourão, entre sua eleição como vice-presidente do Bolsonaro e a posse, defendeu a tortura e a violência política contra o "perigo maior" do terrorismo. As Forças Armadas não têm formação democrática. Os cientistas e jornalistas políticos acreditavam que Villas Boas e Etchegoyen eram garantidores da democracia, pelo menos, até o apoio decisivo deles para o *impeachment* da Presidenta Dilma sem crime de responsabilidade e, na sequência, a pressão sobre o STF para não conceder o *habeas corpus* a Lula, afastando-o da disputa eleitoral de 2018 por meios ilegítimos.

Fábio Victor, no seu livro "Poder Camuflado" mostra o envolvimento da cúpula militar no verdadeiro golpe para forçar o *impeachment* da Dilma.

No governo Bolsonaro, milhares de militares ocuparam cargos civis nos ministérios. O general da ativa Eduardo Pazuello participou do comício de Bolsonaro e foi descaradamente protegido. Após a eleição de Lula em 2022, acoitaram os acampamentos em frente aos quartéis até a tentativa de golpe para impedir sua posse. A tentativa de golpe em 8 de janeiro comprava a participação dos "Kids Pretos", generais da reserva e oficiais da ativa. O golpe seria dado pelo Exército através da GLO, a Garantia da Lei e da Ordem, caso tivesse sido decretada em 8 de janeiro de 2022.

Guardiões da memória

Quando veio à luz o livro dos jornalistas Marcelo Netto e Rogério Medeiros, "Memórias de uma guerra suja", com os chocantes relatos dos atos terroristas dos porões da tortura e sobre a incineração de corpos, os familiares dos mortos e desaparecidos políticos, os movimentos e grupos de direitos humanos adotaram a cautela frente às chocantes revelações de Cláudio Guerra, até porque havia precedentes de pistas falsas.

Dois fatos novos, porém, mudaram a desconfiança frente à confissão de pessoas como Cláudio Guerra. Na região do Araguaia, por exemplo, militares e agentes de repressão davam pistas falsas, mas, em julho de 2021, a Justiça Federal condenou Cláudio Guerra a sete anos de prisão por ocultação de restos mortais. Ou seja, mesmo sem provas cabais, mas considerando as informações mostradas no livro e em vários depoimentos verossímeis a ponto de condená-lo.

O segundo foram as ocupações do Movimento Sem Terra (MST) na fazenda Cambahyba, que fez dos trabalhadores sem-terra verdadeiros guardiões dessa memória e da verdade. Neste período, eles tiveram um líder assassinado, Cícero Guedes, na região; e em janeiro de 2023, já no governo Lula, o INCRA concedeu o título de assentamento.

Em 6 de dezembro de 2023, aconteceu um evento histórico durante o assentamento e uma caminhada até as ruínas da usina, onde estão duas chaminés intactas. Participaram cerca de 300 pessoas, entre elas representantes do MDHC, da imprensa local e de redes sociais, autoridades do municipio de Campos dos Goytacazes, membros de organizações de direitos humanos do Rio de Janeiro e do Espírito Santo, servidores do INCRA, representantes de universidades e institutos federais, de sindicatos, do movimento estudantil, da diocese, e, mais importante, familiares dos 12 mortos e desaparecidos políticos cujos corpos foram incinerados em Cambahyba, presencialmente ou por meio de mensagens ao evento.

A assessoria em Defesa da Democracia, Memória e Verdade do MDHC comprometeu-se, junto com o Ministério do Desenvolvimento Agrário e Agricultura Familiar, a fazer o necessário para desapropriar o antigo parque industrial e construir um memorial de Direitos Humanos e Democracia.

Corpos incinerados

Como se fazia no nazismo, Cláudio Guerra conduzia os corpos serrados dos militantes para incinerá-los na Usina Cambahyba. Em sua confissão, ele conta ter levado os corpos de quatro desaparecidos do DOI-CODI-RJ. São eles:

Por trás das chamas

■ *Joaquim Cerveira e João Batista de Rita Pereda*
Joaquim Cerveira, militar sequestrado em Buenos Aires, em 5 de dezembro 1974 por militares brasileiros e levado ao DOI-CODI-RJ. Seus restos mortais foram destroçados pela ditadura, em 12 ou 13 de dezembro, e seus verdugos identificados como o coronel José Brant Teixeira e Paulo Malhães. Juntamente com Cerveira, foi sequestrado João Batista de Rita Pereda, de 35 anos. Levado ao DOI-CODI-RJ, ele foi assassinado após torturas. Do seu sequestro participou o capitão do Exército Diniz Reis. Os corpos de ambos foram levados do DOI-CODI-RJ até os fornos de incineração da Usina de Cambahyba por Cláudio Guerra.

■ *Ana Rosa Kucinski e Wilson Silva*
O ex-sargento Marival Chaves, à época analista de Informações do DOI-CODI-SP, também tornou públicas as práticas de barbárie cometidas no local. Ele contou que Ana Rosa Kucinski e seu marido Wilson Silva, presos em SP pelo trabalho torpe de Jota – José Henrique Ferreira de Carvalho, ex-militante da ALN, que virou "cachorro", agente infiltrado, e que prestou serviço à ditadura. Os dois foram presos na tarde de 22 de abril de 1974 pelo agente do DOI-CODI-SP e pelo cabo reformado do Exército, José Rodrigues Gonçalves.

No mesmo dia, segundo o irmão de Ana, Bernardo Kucinski, que moveu céu e terra para desvendar o desaparecimento da irmã e do cunhado, os dois foram levados para a Casa da Morte de Petrópolis por Sérgio Fleury (DOPS-SP) e Ênio Silveira Pimentel, oficial do Exército. Cláudio Guerra confessou ter transportado os corpos de Ana e Wilson para a incineração em Cambahyba. Há inclusive indícios de que os dois passaram pela Casa da Morte, e como os militares eram vinculados ao CIE e ao DOI-CODI, eles podem ter sido mortos no DOI-CODI.

Cláudio Guerra também identificou oito desaparecidos políticos, cujos restos mortais lhe foram entregues pelo tenente Félix na garagem da Casa da Morte para serem incinerados em Cambahyba. São eles:

■ *David Capistrano*
Nascido em 1913, em Boa Viagem no Ceará, Capistrano se filiou ao Partido Comunista Brasileira e participou, como sargento da Aeronáutica, da Aliança Nacional Libertadora (ANL). Participou do levante comunista de 1935, e foi levado à prisão de Ilha Grande em 1936, de onde escapou a nado, exilando-se no Uruguai. Dali, se alistou nas Brigadas Internacionais para combater o nazifascismo durante a Guerra Civil Espanhola e, após a derrota dos republicanos espanhóis, decidiu lutar ao lado de Apolônio de

Carvalho contra a ocupação nazista em Marselha. Permaneceu oito meses preso no campo de concentração de Gurs, na Alemanha, de onde saiu com apenas 35 quilos.

Em 1944, regressou ao Brasil, onde seria novamente preso até o final do Estado Novo. Em 1946, foi eleito para a direção do PCB e se casou com a lendária dona Maria Augusta de Oliveira. Em 1947, foi eleito o deputado federal mais votado de Pernambuco, porém, com o banimento dos comunistas durante o governo Dutra, teve o mandato cassado, como todos os demais senadores comunistas, inclusive Prestes e todos os 11 constituintes federais, deputados estaduais e vereadores.

Mesmo com o PCB banido, Capistrano atuou em São Paulo, no Amazonas, no Ceará e no Pará. Em 1961, foi novamente preso após a direita tentar impedir a posse de João Goulart após a renúncia de Jânio Quadros. Com o Golpe de 1964, teve seus direitos políticos cassados e foi obrigado a cair na clandestinidade dentro e fora do país. Foi preso aos 61 anos, em 18 de março de 1974, quando voltava da Tchecoslováquia e levado, juntamente com José Roman, que foi buscá-lo na fronteira, para a Casa da Morte. O então presidente da França, Giscard d'Estaing, intercedeu por sua vida, lembrando que Capistrano era um herói de guerra, mas a ditadura sequer reconheceu sua prisão. Ao ser levado para o centro clandestino de tortura, David Capistrano havia se tornado um desaparecido político.

Seu filho, o médico sanitarista David Capistrano Filho foi prefeito de Santos pelo PT, entre 1993 e 1996, e faleceu prematuramente em 2000.

■ José Roman

José Roman estava com David Capistrano quando foi preso e levado à Casa da Morte. Filho de imigrantes espanhóis, nascido em 1904, Roman atuava como motorista para a direção do Partido Comunista Brasileiro (PCB). Foi operário metalúrgico, filiado ao sindicato e participou das lutas sindicais desde a década de 1950, junto com sua esposa Lídia Prata Vieira Roman, com quem teve dois filhos. Ele desapareceu quando foi buscar David Capistrano na fronteira entre o Brasil e o Uruguai. Sua última mensagem à esposa, em 15 de maio de 1974, avisava a saída de Uruguaiana. Em 21 de maio, seu filho José Luiz foi informado, por uma pessoa não identificada, que o pai havia sido preso e que a família constituísse um advogado.

Dona Lídia percorreu delegacias, procurou autoridades. O deputado Aldo Lins e Silva do MBD impetrou um *habeas corpus*. Maria Augusta Capistrano chegou a questionar o general Reynaldo Mello de Almeida, comandante do I Exército que tudo sabia, mas que dizia que nada sabia. Contataram o Papa Paulo VI, a Anistia Internacional, o Partido Socialista Francês e de nada valeu.

Por trás das chamas

■ *Luiz Ignácio Maranhão*
Advogado, professor e jornalista, Luiz Ignácio Maranhão era de Natal, capital do Rio Grande do Norte, e tinha apenas 24 anos quando começou a militar no Partido Comunista Brasileiro (PCB). Em 1952, por conta da militância comunista, ele foi preso e muito torturado pela Aeronáutica, em Parnamirim (RN). Entre 1958 e 1962, frente o período de proscrição do PCB (que se estenderia até 1986), foi deputado estadual pelo Partido Trabalhista Nacional (PTN). Com o Golpe de 1964, com os direitos políticos cassados, foi preso e torturado e só saiu da prisão no final daquele mesmo ano, juntamente com o irmão Djalma Maranhão, prefeito de Natal, e Miguel Arraes, governador de Pernambuco, todos cassados.

Depois da prisão, Maranhão entrou para a resistência clandestina. Em 1967, foi escolhido para o Comitê Central do PCB. Conhecido como um proponente do diálogo entre marxistas e cristãos, ele trocava correspondências com o filósofo Roger Garaudy, filiado ao Partido Comunista Francês (PCF). Naquele mesmo ano, estava organizando a publicação de três encíclicas do Papa Paulo VI, com introdução do pensador cristão Alceu de Amoroso Lima, o Tristão de Athayde. Em 1973, Luiz Ignácio Maranhão Filho foi processado e absolvido pelo Supremo Tribunal Militar (STM). Mesmo assim, em 5 de abril de 1974, foi detido em uma praça de São Paulo e desde então, nunca mais foi visto.

Odete Maranhão, sua esposa, procurou o advogado Aldo Lins e Silva, que percorreu delegacias, quartéis e conversou com autoridades da ditadura, sem êxito. Junto a Cândido Mendes, da Comissão de Justiça e Paz, ela conseguiu acesso ao general Eduardo D'Avila de Mello, comandante do II Exército. Sua carta denunciando o desaparecimento do marido chegou a ser lida na Tribuna pelo deputado Thales Ramalho que se disse envergonhado que "uma carta dessas possa ser escrita no meu país".

■ *João Massena Melo*
Nascido em 1919, em Água Preta, no distrito de Palmares, em Pernambuco, João Massena Melo, filho de carpinteiro e de uma costureira, mudou-se para o Rio de Janeiro, onde trabalhou como tecelão da Fábrica de Tecidos Nova América. Comunista, durante o Estado Novo, ficou preso em Fernando de Noronha ao lado, entre outros, de Agildo Barata e Carlos Marighella. Em 1947, foi eleito vereador pelo Partido Comunista Brasileiro (PCB) no Rio de Janeiro, mas perdeu o mandato quando o partido foi declarado ilegal. Casado com dona Ecila e pai de três filhos, João Massena também foi metalúrgico e ativista sindical.

Em 1962, com o PCB novamente na ilegalidade, ele se elegeu deputado estadual pelo Partido Social Trabalhista (PST), porém, com o golpe de

1964, teve o mandato novamente cassado e os direitos políticos suspensos por dez anos. João Massena foi preso em casa em 1970 e foi muito torturado. Toda a família foi levada para a Ilha das Flores. Libertado em fevereiro de 1973, após dois anos e sete meses de prisão em regime fechado, com a saúde bastante debilitada, permaneceu com família até 19 de março de 1974, quando viajou para São Paulo. Foi preso em 3 de abril de 1974, no mesmo dia de desaparecimento dos militantes do PCB Luiz Ignácio Maranhão Filho e Walter de Souza Ribeiro.

Sua filha Alice e dona Ecila Francisca Massena Melo foram atrás de advogados, igrejas, hospitais, órgãos de repressão e chegaram a impetrar *habeas corpus* no Supremo Tribunal Militar (STM), em vão.

■ *Fernando Augusto Souza Santa Cruz de Oliveira*
Pernambucano, nascido em 20 de fevereiro de 1948 no Recife, Fernando Augusto Souza Santa Cruz de Oliveira era filho da lendária dona Elzita e de seu Lincoln.

Fernando Santa Cruz militava na Ação Popular (AP) e ainda era secundarista quando foi preso pela primeira vez, durante um ato contra os acordos do MEC com a agência americana USAID em 1966, juntamente com Ramires Maranhão do Valle, assassinado em 1973. Como tinha menos de 18 anos, acabou detido no Juizado de Menores. Após o AI-5 de 13 de dezembro de 1968, Fernando Santa Cruz mudou-se para o Rio de Janeiro e trabalhou no governo estadual com moradia social. Em 1972, começou um curso de Direito na Universidade Federal Fluminense (UFF).

No sábado de Carnaval, 23 de fevereiro de 1974, Fernando Santa Cruz foi se encontrar com o amigo Eduardo Collier Filho, às 16 horas, e os dois foram presos por agentes do DOI-CODI-RJ. As mães, dona Elzita e dona Risoleta, receberam informações de que os filhos poderiam estar no DOI-CODI-SP e deixaram roupas e objetos de uso pessoal com o carcereiro Marechal, que confirmou a prisão em 14 de março e disse que eles poderiam receber a visita no domingo, três dias após as prisões. No domingo, porém, o torturador "Dr. Homero" devolveu as sacolas e disse às duas mães que seus filhos não estavam presos ali. Os advogados Marcelo Santa Cruz e Modesto da Silveira fizeram *habeas corpus* ao STM (Superior Tribunal Militar), em vão.

Dona Elzita e dona Risoleta moveram céus e terra. Foram recebidas pelo poderoso Ministro de Geisel, General Golbery, com mediação de Dom Paulo Evaristo Arns. Também pelos deputados da Comissão Executiva do MDB, o general Reynaldo Mello de Almeida Comandante do I Exército, o general Rodrigo Otávio Jordão (Ministro do STM), o Ministro da Justiça Armando Falcão, o general Bandeira de Melo, o Procurador Geral da Justiça Militar o general Cordeiro de Farias, o marechal Juarez Távora, os senadores da Arena Petrônio Portella, Paulo Torres e Magalhães Pinto, o deputado governista Flávio Marcílio e o deputado Fernando Luna, do MDB.

A via crucis das mães chegou às Comissões de Justiça e Paz de São Paula e do Rio de Janeiro. Ao Cardeal Dom Agnelo Rossi. Ao Tribunal da OEA, à Anistia Internacional, à imprensa internacional, à OAB. Interpelado pela Comissão Interamericana de Direitos Humanos (CIDH) da OEA, o general Geisel negou a prisão dos dois. Cinicamente o Ministro da Justiça Armando Falcão respondeu às famílias negando que os 22 desaparecidos listados tivessem sido presos, dentre eles Fernando e Eduardo.

Fernando era casado com Lúcia Valença e seu filho Felipe Santa Cruz tinha apenas dois anos quando o pai foi levado à Casa da Morte e assassinado aos 26 anos. Felipe Santa Cruz presidiu a Ordem dos Advogados do Brasil (OAB) durante o governo do extremista Jair Bolsonaro, que disse saber como seu pai foi morto, de maneira muito desrespeitosa.

Universidades como a UFF, a PUC-Pernambuco, diretórios estudantis, teatros municipais de Olinda, placas dos movimentos Tortura Nunca Mais homenagearam seus heróis lhes dando seus nomes. A ditadura civil-militar jamais admitiu sua responsabilidade, jamais pediu desculpas às famílias.

■ *Eduardo Collier Filho*

Nascido em Recife, em 1948, Eduardo Collier Filho conviveu desde criança com Fernando Augusto de Santa Cruz Oliveira, com quem foi preso e levado à Casa da Morte, em 23 de fevereiro de 1974. Ele tinha 26 anos e estava visitando familiares durante o carnaval na capital fluminense.

Em 1968, ele participou do 30º Congresso da União Nacional dos Estudantes (UNE) em Ibiúna (SP), onde foi preso e transferido para Salvador. Por conta disso, foi expulso da Faculdade de Direito que cursava na Universidade Federal da Bahia. Militante da Ação Popular (AP) e, a partir de 1972, ele se alinhou à Ação Popular Marxista Leninista (APML). Assim como Fernando, Eduardo Collier tinha apenas 26 anos, quando foi assassinado.

O ex-delegado Cláudio Guerra reconheceu por fotos ter conduzido os restos mortais de Fernando Santa Cruz e Eduardo Collier Filho na Casa da Morte, entregues pelo tenente Félix na garagem da rua Arthur Barbosa número 50. Eles foram incinerados nos fornos da Usina de Cambahyba com a ajuda e vigilância dos capangas de Heli Ribeiro e seu filho João Bala.

■ Armando Teixeira Fructuoso

Armando Teixeira Fructuoso nasceu em 1923 no Rio de Janeiro. Era casado com Virgínia Ricardi Viana, com quem teve uma filha. Sindicalista após o Estado Novo, liderou mobilizações dos trabalhadores da Light, tornando-se presidente da Associação Unificadora dos Trabalhadores da Light. Por sua atuação sindical, foi preso 14 vezes entre 1945 e 1964. Com o golpe, teve seus direitos políticos cassados e passou a atuar na clandestinidade. Foi militante do Partido Comunista Brasileiro (PCB), ajudou a fundar, em 1969, o Partido Comunista Brasileiro Revolucionário (PCBR) e integrou, a partir de 1971, o comitê central do Partido Comunista do Brasil (PCdoB). Desapareceu em setembro de 1975, após acareação com Gildásio Westin Cosenza e Delzir Antônio Mathias, no DOI-CODI do Rio de Janeiro.

■ Thomaz Antônio da Silva Meirelles Neto

Nascido em Parintins (AM) em 1 de julho de 1937, desaparecido em abril de 1974, Thomaz Antônio da Silva Meirelles Neto era casado com Miriam Marreiro Meirelles e seus filhos, Larissa e Togo, nunca deixaram de buscar a verdade sobre o desaparecimento do pai.

Militante do Partido Comunista Brasileiro (PCB), ele chegou ao Rio de Janeiro em 1958, e participou intensamente das atividades na UBES (secundarista) e UNE. Como jornalista, acompanhou o Centro Popular de Cultura que percorreu o país. Teve participação importante na Rede da Legalidade, após a renúncia de Jânio Quadros, contra a tentativa de golpe para impedir a posse do vice-presidente João Goulart.

Thomaz estudou filosofia em Moscou com bolsa de estudos. Com o Golpe de 1964, permaneceu na capital soviética e só voltou em 1969, já como militante clandestino da Ação Libertadora Nacional (ALN), dissidência do PCB. Foi preso e torturado no DOI-CODI em 1970 e, condenado, Thomaz cumpriu pena até 1972. Em 7 de março de 1974, foi levado à Casa da Morte e assassinado.

Em entrevista anônima, o general Adyr Fiúza de Castro, criador e primeiro chefe do Centro de Inteligência do Exército (CIE) que operou a Casa da Morte, relacionou Thomaz Meirelles como um dos onze desaparecidos que listou à *Folha de S. Paulo* em 28 de janeiro de 1979. O *Correio de Mauá* de 2 de agosto de 1979 o relacionava entre os 14 desaparecidos políticos. Almicar Lobo, ex-médico militar que colaborava com as torturas, em entrevista à *Istoé*, afirmou ter visto Thomaz Meirelles no DOI-CODI-RJ, que controlava a Casa da Morte. Documentos do DOPS/RJ tornados públicos citam seu nome como preso "novamente em 7 de maio de 1974, entre o Rio de Janeiro e São Paulo". Claudio Guerra afirma ter conduzido seus restos mortais da Casa da Morte aos fornos da Usina de Cambahyba.

Por trás das chamas

Os familiares dos mortos e desaparecidos políticos são um exemplo de lealdade, persistência, busca da verdade e da justiça. A maioria das mães, pais, avós, já não estão entre nós, tendo partido sem saber como seus entes queridos foram assassinados e onde estão os restos mortais. Filhas, filhos, netas e netos continuam a luta por memória, verdade, reparação, justiça e democracia.

Os anjos morrem jovens
relâmpago Molipo/ALN

Traziam no peito um relâmpago que não cessa. Para iluminar ainda uma vez o "assalto aos céus" que beberam na literatura incendiária que nos dava notícias sobre a resistência do povo vietnamita aos invasores norte-americanos; da revolução cubana onde jovens barbudos convertiam em realidade, no Caribe, o sonho dos *communards* nas barricadas de 1871; do assalto ao Palácio de Inverno em Petrogrado, em 1917, ou "a imaginação no poder", em 1968, em Paris.

O país mergulhara pelas mãos dos fardados e seus sócios civis no mar escuro da delação, da violência, da censura, das prisões, das torturas, das mutilações, dos assassinatos e dos desaparecimentos forçados.

E da mentira: "Somos uma ilha de paz e tranquilidade no meio de um mundo conturbado", discursava o general.

Aqueles anjos eram movidos por paixões gerais. Paixões que não se extinguem no limite da nossa pele ou nos sonhos de superação ou de realização de um único indivíduo. Elas vazam para as gerações seguintes como um desejo de justiça, entendido como condição para a felicidade. "É impossível ser feliz sozinho". E assim se prolongam para desenhar a história humana de resistência à exploração, em busca de emancipação, de igualdade e de liberdade.

De onde vieram?

Anos antes, o Brasil fora alvo de um golpe de Estado (1.º de abril de 1964) que revogou a Constituição liberal de 1946, fechou o Congresso, os partidos políticos, interveio em sindicatos, liquidou pela repressão as Ligas

Camponesas, procedeu um verdadeiro expurgo entre os segmentos militares identificados com posições democráticas e aposentou compulsoriamente juízes de Tribunais Superiores.

O golpe foi fruto de uma associação de interesses entre os segmentos da casta parasitária que dirige o país desde a colônia e os interesses do governo e das empresas dos Estados Unidos, no marco da Guerra Fria que se definiu no pós-guerra, com a derrota do nazifascismo. Um cenário que contrapôs as potências vencedoras do conflito ao longo das décadas seguintes: União Soviética (URSS) X EUA, Reino Unido e França que hegemonizavam o ocidente europeu, enquanto a Alemanha se reconstruía com os investimentos do Plano Marshall.

Essa foi a moldura que enquadrou o momento da história, meados dos anos 60 do século XX, quando a juventude brasileira daqueles anos, sobretudo das classes médias, foi lançada na vida pública. Eram jovens, pouco mais que adolescentes, e foram para as ruas inicialmente para protestar contra a reforma universitária produzida pelos Acordos MEC-USAID que excluía parcela significativa do acesso aos cursos superiores.

Esse enquadramento nos permitirá compreender as razões profundas que mobilizaram aquela juventude para resistir nas ruas, nas passeatas que mobilizavam dezenas de milhares, à repressão da ditadura civil-militar que contara com o apoio de seus pais apenas dois anos antes, nas "Marchas da Família com Deus pela Liberdade".

Quem deu o golpe?

Um rápido olhar no espelho da história. A riqueza das elites brasileiras deriva de três crimes contra a humanidade: 1) o genocídio das populações indígenas e o esbulho de suas terras; 2) o tráfico transatlântico de pessoas escravizadas entre Luanda e o Cais do Valongo, no Rio de Janeiro; e 3) a exploração do trabalho escravo nos canaviais e nas minas que, ao longo de trezentos e cinquenta anos, modelou a economia agrário-exportadora do país.

Os setores sociais que configuram essa casta de privilegiados – grandes proprietários das terras, das indústrias, dos bancos, das famílias que controlam os meios de comunicação de massa – inconformados com as propostas de Reformas de Base do presidente João Goulart, passaram a conspirar contra o governo legítimo. Eles foram bancados pelo Instituto Brasileiro de Ação Democrática – IBAD, Instituto de Pesquisas Econômicas e Sociais – IPES e pela Ação Democrática Parlamentar – ADP, instituições hoje reconhecidamente financiadas pela CIA. Munidos de um discurso anticomunista, mobilizaram as classes médias urbanas em favor do golpe.

Beneficiadas por ligeiras melhorias na qualidade de vida permitidas pelas políticas do nacional-desenvolvimento do período Vargas-JK, os setores médios aderiram facilmente à bandeira da ameaça do comunismo, agitada pelos meios de comunicação, com decisivo apoio da hierarquia da Igreja Católica, como uma barreira social de contenção ao crescimento das reivindicações da base da sociedade: os assalariados urbanos e trabalhadores agrícolas.

"No dia 19 de março uma multidão saiu da praça da República e marchou compacta até a praça da Sé, carregando faixas, bandeiras e uma profusão de rosários – para salvar o Brasil de Jango, de Brizola e do comunismo, gritavam em coro. A Marcha da Família com Deus pela Liberdade foi preparada pelo IPES através da União Cívica Feminina, um dos muitos grupos de mulheres organizados pelo instituto em todo o país para fazer pressão política. Reuniu em torno de 500 mil pessoas em todo o país e tinha dois propósitos: servir como resposta ao comício da Central do Brasil e lançar um eloquente apelo da sociedade à intervenção da Forças Armadas". (...) "Na origem dessa frente, em primeiro lugar estava a compartilhada aversão de setores da sociedade ao protagonismo crescente dos trabalhadores urbanos e rurais. Em segundo, o dinheiro curto e o futuro incerto acenderam o ativismo das classes médias urbanas, cientes de que um processo radical de distribuição de renda e de poder por certo afetaria suas tradicionais posições naquela sociedade brutalmente desigual". (*Brasil: uma biografia*, Schwarcz e Starling, 2015).

Na realidade, como se vê, o objetivo era bloquear o avanço dos movimentos populares: movimentos sindicais, comunitários, de educação de base, Ligas Camponesas que, ao longo dos anos cinquenta, do século XX, conquistaram alguns pequenos avanços nos direitos dos assalariados. Direitos que outros países do mundo capitalista já asseguravam aos trabalhadores há mais de um século.

Como hoje é sabido por diferentes fontes documentais, entre elas registros do Departamento de Estado e da CIA, contaram com o inequívoco apoio do governo dos Estados Unidos por meio do seu embaixador Lincoln Gordon, sob orientação direta do presidente Lyndon B. Johnson, para depor um presidente eleito – João Goulart – e impor ao Brasil uma ditadura que duraria mais de duas décadas. Tudo, naturalmente, em nome da democracia.

Eles deram o golpe

Contra quem deram o golpe?
Entre abril e dezembro de 1964 ocorreram mais de quinhentas intervenções em sindicatos de trabalhadores. Suas lideranças destituídas, presas ou exiladas. As Ligas Camponesas foram exterminadas pela repressão oficial ou pelas milícias de jagunços dos grandes proprietários de terra, para ficar em dois exemplos elucidativos.
E como agia a esquerda diante da radicalização do conflito social no Brasil naquele momento?
O Partido Comunista Brasileiro (PCB), partido enraizado nas lutas populares e democráticas do país desde os anos 20, foi a grande matriz das diferentes correntes de esquerda no Brasil. Cumpriu uma trajetória oscilante, ora à esquerda, ora à direita, o que revela uma percepção insuficiente da complexa realidade brasileira. De toda forma empenhado na educação, organização e mobilização de uma classe operária jovem, ainda muito ligada às tradições rurais de um país que mal se despedira das tradições escravistas. Um desafio considerável.
Soube se conduzir com dignidade e combatividade quando ruiu a ditadura Vargas, em outubro de 1945, e apresentou-se a oportunidade de atuar no parlamento, durante o breve período de existência legal (1945-1948). A partir daí teve o registro eleitoral cassado. Na maior parte do século atuou na clandestinidade. Com certo alívio no período JK, durante as turbulências dos sete meses do governo Jânio Quadros, de janeiro a agosto de 1961, e desde a posse de Jango, uma semilegalidade até o golpe de 1.º de abril de 1964.

Um golpe de novo tipo

Para uma leitura mais detalhada daquele momento, recorro a um dos mais severos e consequentes críticos da linha política adotada pelo PCB diante do golpe de estado de 1.º de abril, Carlos Marighella:

> "Os autores do golpe tentam fazê-lo passar como "revolução" apenas porque no Brasil o golpe é repudiado e condenado pelo povo, em virtude das desastrosas consequências que tem acarretado". (*Por que resisti à prisão*, Carlos Marighella, 1965).

Em um parágrafo, Marighella sintetiza o que se poderia definir como uma cultura golpista do estamento militar brasileiro aliada aos interesses das classes dirigentes:

> "O golpe de 10 de novembro de 1937 implantou o Estado Novo, espécie de fascismo peculiar ao Brasil na época da ascensão do nazismo. O de 29 de outubro de 1945 levou à deposição de Getúlio Vargas, destinava-se a impedir a livre eleição de uma Assembleia Constituinte. O de 24 de agosto de 1954 induziu ao suicídio de Vargas e objetivava anular a Constituição de 1946. O de 11 de novembro de 1955 tinha em vista impedir a posse do presidente eleito, o que motivou, na mesma data, o contragolpe vitorioso, chefiado pelo então general Lott. Isto fez fracassar os intuitos golpistas. O de 25 de agosto de 1961 conduziu à renúncia de Jânio e à insubordinação dos ministros militares fascistas, sublevados com a posse de Jango – substituto legal do presidente renunciante. O de 1.º de abril – o mais recente e calamitoso – deu origem à deposição de Jango e levou à ditadura dos "gorilas". (*Por que resisti à prisão*, C. Marighella, 1965).

Dirigente experimentado, militante desde os anos trinta, Marighella prossegue:

> "Todos esses golpes visavam ao cerceamento das liberdades, ou temporariamente conseguiram suprimi-las, facultando às velhas classes dirigentes do país o exercício do poder discricionário, maior exploração do povo e transações escusas com o imperialismo.
> O único meio de disputar a hegemonia com a burguesia nacional era exatamente a luta para ganhar as massas na base da vigilância contra o golpe e para a resistência, com ou sem governo, caso se concretizasse a ameaça da reação.
> A experiência histórica brasileira ensina como já foi assinalado, que o inimigo sempre se prepara para interceptar o caminho da democracia, quando percebe o avanço do movimento de massas e sua marcha inexorável para a conquista do poder. Esquecida ou menosprezada a lição dessa experiência, estava selada a sorte do governo (Goulart), que se propunha levar avante reformas de estrutura contra a obstinada oposição das forças retrógradas do país, apoiadas pelos EUA.
> A liderança (PCB) tinha ilusões quanto ao evidente perigo do golpe, denunciando-o várias vezes, embora a isso não se seguissem as medidas capazes de enfrentá-lo. Repetiam-se as advertências de que os golpistas seriam esmagados se levantassem a cabeça, sem que as palavras coincidissem com os atos.
> A nenhuma resistência organizada ao golpe de 1.º de abril, exceto a greve geral (que não se consumou), foi o resultado mais sensível

do erro tático de confiar na capacidade de direção da burguesia, sem o apelo à organização de massas e à ação e vigilância independentes.

"(...) A política de conciliação da burguesia chocava-se com as exigências do movimento de massas. À medida, porém, que a burguesia via desmascarada sua política de conciliação, defrontava-se, como sempre, com a alternativa de avançar com as massas ou ser esmagada pelas forças da direita.

A tendência da burguesia é para a capitulação sem resistência ante a direita, salvo se a organização da força das massas estiver em tal nível que possa derrotar o golpe da reação". (*Por que resisti à prisão*, Marighella, 1965).

Marighella abria com esse documento o processo de crítica e autocrítica que haveria de fragmentar o PCB (1966-1967) em diferentes vertentes e perspectivas do pensamento – e da ação – das esquerdas brasileiras sobre a estratégia e a tática da resistência à ditadura que dividiria o campo popular pelos anos seguintes.

Ele próprio constituiu, a partir do "Pronunciamento do Agrupamento Comunista de S. Paulo" (1968) a Ação Libertadora Nacional – ALN, o mais numeroso grupo de militantes que assumiu o caminho da luta armada como estratégia para derrotar a ditadura. "A ação faz a vanguarda" torna-se lema de sua organização, que nasce sem uma estruturação orgânica precisa, apoiando-se na autonomia dos grupos armados e contando com forças mais expressivas em São Paulo. (*Brasil: nunca mais*, p. 93, Arquidiocese de São Paulo, 1985).

O breve tempo histórico da existência ativa da ALN (1967-1974) foi marcado por uma ascensão meteórica, com ações espetaculares (assalto ao trem pagador, ocupação da Rádio Nacional e sequestro do embaixador dos Estados Unidos, em parceria com o MR8, em setembro de 1969), sucedida pelo massacre dos seus quadros dirigentes e militantes – 51 mortos e desaparecidos – sem, contudo, alcançar seu objetivo estratégico: lançar a guerrilha rural para derrotar a ditadura.

Foi isolada política e militarmente das forças vivas da sociedade – a classe operária e a juventude antifascista – em nome de quem se propunha a lutar, e derrotada pela força colossal do Estado brasileiro a serviço de interesses antinacionais e antipopulares.

Aniquilar

Nenhuma outra palavra poderia definir de forma tão cabal o objetivo da ditadura civil-militar em relação às forças de esquerda que se levantaram contra ela. A materialização desse objetivo estratégico se expressa na caçada implacável promovida pelo aparelho repressivo do regime contra o Movimento de Libertação Popular – Molipo. Haverá outros exemplos como o leitor poderá conferir em diferentes capítulos deste volume que reportam a organizações da resistência que rejeitaram a via armada como tática para derrotar o regime. A necessidade de aniquilar o inimigo é inseparável do caráter dessa formação político-ideológica que se impôs em vários países da Europa na primeira metade do século XX: os fascismos todos se parecem.

Aparentemente a morte de Marighella, em 4 de novembro de 1969, do seu sucessor, Joaquim Câmara Ferreira (Toledo) no comando da ALN um ano depois, e as advertências dos dirigentes da organização no Brasil sobre o isolamento político e social da guerrilha urbana naquele momento, não foram suficientes para deter o plano de retorno do "Grupo dos 28" ao Brasil.

A contribuição publicada no volume "Dos filhos deste solo", em 1999, registra:

> "O Movimento de Libertação Popular (Molipo) originou-se de uma dissidência da ALN, em 1971, composta inicialmente de militantes que foram fazer treinamento de guerrilha em Cuba. Integravam a maioria do denominado "3.º Exército" da ALN ou "Grupo dos 28", ou "Grupo da Ilha", que depois ganhou a adesão de outros integrantes da organização em Cuba e no Brasil.
>
> Onze militantes do Molipo ou a ele ligados foram mortos sequencialmente e um desapareceu entre 4 de novembro de 1971 e 27 de fevereiro de 1972. Um outro, Boanerges de Souza Massa, também desapareceu, mas não se sabe exatamente quando; outros dois foram mortos em outubro de 1972; e ainda três desapareceram, sendo dois em maio de 1973 e um em 4 de novembro de 1974. Jane Vanini morreu no Chile, em 1975.
>
> Dois documentos encontrados nos arquivos do DOPS/SP ajudam a entender como o Molipo foi impiedosamente dizimado. São documentos que trazem informações de uma pessoa infiltrada desde Cuba. Eles revelam que os órgãos repressivos controlavam o Molipo desde a sua formação. Sabiam quem eram, quando retornariam ao país, conheciam o esquema do retorno, e para que região do Brasil iriam. O informante também voltava ao país e prestava informações sobre as pessoas que aqui se vinculavam ao Molipo.
>
> Os órgãos de segurança decidiram pela eliminação de todo o grupo que veio de Cuba, e praticamente alcançaram seu intento. Poucos conseguiram escapar". (*Dos filhos deste solo*, Miranda e Tibúrcio, 1999).

Aqui se dissolve inteiramente o limite que separa o aparelho de repressão policial do sistema judiciário que caracteriza os regimes de força. O aparelho repressivo investiga, persegue, prende, interroga e, eventualmente, executa os opositores políticos do regime. Essa inversão e expansão das atribuições oferece o fundamento para a consolidação do Estado Policial que se observou no Brasil particularmente depois do AI-5 (13 de dezembro de 1968).

É esclarecedor voltar ao relato *Dos filhos deste solo*:

> "O primeiro documento tem duas partes: uma elaborada pelo CIE, CIES/103 (Terroristas com curso em Cuba, situação em 21 de junho de 1972), dando conta das turmas de militantes – a seguir, com os nomes em ordem alfabética – que fizeram curso de guerrilha naquele país. A segunda parte, com timbre da Secretaria de Segurança de São Paulo, do Deops (Divisão de Ordem Social), Setor de Análise, Operações, Informações (SOI), tem por título (Grupo dos 28)", e pelas informações que traz deve ter sido elaborada entre 7 e 10 de novembro de 1971.
>
> O outro documento é o Rio/GB, de 3 de abril de 1972, do Ministério do Exército, Informação n.º 674/72-II, assunto: "Grupo da Ilha", origem CIE (Informante).
>
> Neste "Grupo dos 28", dentre os elementos da ALN, começou a ideia de dissidência informal com Ruy Carlos Berbert e Boanerges de Souza Massa, depois ampliada por Carlos Eduardo Pires Fleury e Jeová Assis Gomes. Desta dissidência com o grupo que já retornou ao Brasil, constituiu-se o que hoje se conhece como "Grupo da Ilha", todos oriundos da ALN, mas já dissidentes desde a partida de Cuba.
>
> (...) Dividiram-se inicialmente em dois grupos, sendo um encarregado da obtenção de fundos, ficando em São Paulo, onde realizaram várias ações de expropriação (Aylton Adalberto Mortatti, Flávio Carvalho Molina, Francisco José de Oliveira, João Carlos Cavalcanti Reis, José Roberto Arantes, Márcio Beck Machado, Maria Augusta Tomaz, Natanael de Moura Girardi), e o outro grupo internou-se no interior do Brasil, particularmente no noroeste de Minas Gerais, região oeste da Bahia e norte de Goiás (Boanerges de Souza Massa, Arno Preis, Ruy Carlos Vieira Berbert, Otávio Ângelo, Jane Vanini, Sérgio Capozzi, Carlos Eduardo Pires Fleury)." (*Dos filhos deste solo*, Miranda e Tibúrcio, 1999).

A esmagadora maioria não alcançara trinta anos.

A literatura da resistência ao regime de terror imposto pela ditadura registrou, recorrendo à metáfora para contornar a censura e o espírito obscurantista da época, a violência sufocante do Estado e a resistência a ela. Anos mais tarde, o poeta Pedro Tierra descreveu no poema "A memória do Anjo" as últimas horas de Rui Carlos Vieira Berbert, na cadeia pública de Natividade, pequena vila perdida no norte de Goiás, hoje Tocantins:

> *"Foi preso ao fim da tarde.*
> *É certo que havia sol no momento da captura.*
> *As mulheres lhe ofereceram uma rede e cordas,*
> *para que não dormisse sobre o ladrilho úmido,*
> *naquele tempo de chuvas."*
>
> *"(...) Que espécie de desesperada esperança*
> *aquela que nutre a palavra*
> *e os gestos desses anjos incendiários?*
> *De que jazidas de esmeralda líquida*
> *a extraem?*
>
> *E quando a algum deles recorro*
> *e indago,*
> *o que recolho é que não importa*
> *o porto,*
> *mas a paixão de navegar..."*
>
> *"(...) Afonso, o soldado, lhe oferecera cigarros e fósforos.*
> *Contabilizou, cuidadoso, cada palito, cada cigarro,*
> *como alguém que já cumprira pena*
> *em algum lugar.*
>
> *A cela: grande, sombria, apesar das paredes brancas.*
> *Chão de ladrilhos,*
> *grades de madeira escura,*
> *escurecidas por muitas medidas de tempo e silêncio.*
> *Voltadas para a rua.*
> *A cidade inteira sabia que o anjo fora preso.*
> *Sabia e vigiava.*
> *Até as pedras.*
>
> *Alta e sombria, a cela.*
> *Cruzada de fora a fora por um travessão,*
> *de aroeira, talvez.*
> *Inatingível para a fuga ou para a morte".*

"(...) As moças – hoje senhoras golpeadas
pela beleza do anjo –
recordam vagamente que ele atravessou
mais de uma noite
à espera da morte".

"(...) Amanheceu suspenso no ar por uma corda
atada ao pescoço.
Só um anjo, golpeado pela desgraça
ou pela melancolia eterna
seria capaz de voar silencioso
até ao travessão e lançar-se
para a morte sem deixar vestígio..."

"(...) Alguém fez alusão a duas ou três palavras
inscritas com sangue na parede branca.
Ninguém, ao que se sabe, se aventurou
a revelar o que diziam".

"(...) Ao anjo lhe deram o nome de João Silvino Lopes,
uma de suas identidades terrenas,
para que não sucumbisse aos vermes da terra
sem nome algum
e assim se registrasse no livro dos óbitos".
(Poemas do Povo da Noite, 3ª edição, Pedro Tierra, 2009).

Maria Augusta Tomaz e Márcio Beck Machado foram condenados a doze anos de prisão, depois de mortos, no Processo 100/72 que tramitou na 2.ª Auditoria da 2.ª Região Militar, em São Paulo. Suas sepulturas foram violadas nos anos 80, em Rio Verde, Goiás. Seus corpos jamais foram encontrados. Um crime perpetrado para ocultar outro crime. Lemos aqui, provavelmente, a formalização do objetivo sintetizado na palavra ANIQUILAR.

O país passaria a viver com a sombra de 434 mortos e desaparecidos projetada sobre cada passo da resistência a uma ditadura já em declínio, inicialmente e, mais tarde da reconstrução da democracia.

Palavras do general Golbery, no final do governo Geisel:

"Eu quero que os cadáveres desses desaparecidos saiam do meu armário. Quero tirá-los daqui. Que fiquem no gramado aí em frente ao Palácio do Planalto. Haverá um período de assombro, de horror, mas o problema desaparece. Se os cadáveres continuarem aqui, o problema não acaba tão cedo". (*A ditadura derrotada*, Elio Gaspari, 2002).

Logo depois do "Pacote de Abril", quando – mais uma vez o Congresso foi fechado – a ditadura tomava as medidas para conduzir uma retirada sem perdas e concertar uma transição pelo alto, a memória dos mortos e desaparecidos emerge pela voz do deputado Alencar Furtado (MDBPR):

"Em julho de 1977, a cassação de mandato voltou a atingir a figura do líder do MDB na Câmara dos Deputados. A violência do regime militar contra o deputado paranaense Alencar Furtado era resposta ao pronunciamento feito por ele no programa partidário do MDB, em cadeia nacional, quando abordou o tema dos desaparecidos de maneira contundente: "Hoje, menos que ontem, ainda se denunciam prisões arbitrárias, prisões injustas e desaparecimentos de cidadãos. O programa do MDB defende a inviolabilidade dos direitos da pessoa humana para que não haja lares em prantos; filhos órfãos de pais vivos – quem sabe? Mortos talvez. Os órfãos do talvez e do quem sabe. Para que não haja esposas que enviúvem com maridos vivos, talvez, ou mortos, quem sabe? Viúvas do quem sabe e do talvez." (Direito à Memória e à Verdade, Secretaria Especial dos Direitos Humanos da Presidência da República, 2007).

"A democracia brasileira deve a si mesma aquele exercício de 'compreender' (Origens do Totalitarismo) a que se refere Hannah Arendt, como condição para consolidar o país como nação civilizada. E incorporar os anos de treva, com as perseguições, a brutalidade, a delação, o medo, a tortura, os assassinatos, os desaparecimentos, o exílio, o rosário de horrores perpetrados pelo estado ditatorial à exata dimensão histórica que lhe cabe: uma realidade incontestável e irrecusável que deitará sua sombra sobre a face futura do Brasil, até que seja resgatada". (*Explicação necessária*, introdução aos 'Poemas do Povo da Noite', 3ª edição, Pedro Tierra, 2009)

Sessenta anos depois a sociedade brasileira não alcançou consolidar sua democracia. Permanecemos uma democracia para poucos. Permanentemente ameaçada pelo neofascismo insepulto. Não conseguimos sequer dar uma resposta definitiva ao libelo de um deputado liberal. Seguimos sendo o país onde "esposas que enviúvam com maridos vivos, talvez, ou mortos, quem sabe? Viúvas do quem sabe e do talvez".

A saga do Capitão da Guerrilha:
contraofensiva, impasse e massacre; VPR-VAR-MR8

Imagine o impacto político da deserção de um capitão do Exército brasileiro, liderando um conjunto de outros oficiais e soldados, abandonando um quartel na grande São Paulo com enorme quantidade de armas e munições de grosso calibre, menos de dois meses após a decretação pela ditadura militar do Ato Institucional nº 5 ("o golpe dentro do golpe"), em 13 de dezembro de 1968.

Imagine mais: que um dia após a fuga, para romper a censura à imprensa, impactar fortemente a população e tentar retomar a ofensiva contra a ditadura, ocorresse um bombardeio contra o Palácio dos Bandeirantes, sede do governo paulista, com um morteiro de calibre 81 mm. E ainda mais: que quase ao mesmo tempo, fosse desferido um ataque ao Quartel General do Exército, no Ibirapuera, com uma arma de calibre 60 mm. Por fim, que explodisse uma bomba de mais de 100 quilos na Escola de Polícia, na Cidade Universitária, e várias outras, simultaneamente, em diversos pontos sensíveis de São Paulo.

Tudo isso na noite do aniversário da cidade, 25 de janeiro, anunciando a entrada do capitão Carlos Lamarca na direção da guerrilha no Brasil, à frente da VPR, Vanguarda Popular Revolucionária, ao lado da ALN, Aliança Libertadora Nacional, liderada por Carlos Marighella, e de outras organizações revolucionárias.

Com os espaços do trabalho social e político fechados pelo AI-5, essa seria a maior e mais contundente resposta das esquerdas até então, preparando para breve o início da guerrilha rural e da mudança da correlação de forças, abrindo caminhos para a futura derrubada da ditadura e a construção de uma nova sociedade.

O ano de 1969 começava com as esquerdas armadas dispostas a passar à contraofensiva e acuar a ditadura. A deserção de Lamarca, o roubo do cofre do exgovernador Adhemar de Barros – que proporcionou extraordinário recurso financeiro para algumas organizações, a ativação da guerrilha do Vale do Ribeira, e o inédito e espetacular sequestro do embaixador dos Estados Unidos, em setembro, são exemplos de iniciativas surpreendentes e ousadas que apontavam para uma escalada nas ações contra o regime militar.

Pouco tempo depois do golpe de 1.º de abril de 1964, a ditadura começara a perder sustentação política na sociedade, principalmente nas camadas médias, com o movimento estudantil protagonizando, desde 1966, manifestações de rua cada vez mais amplas e radicalizadas, até a queda do 30.º Congresso da UNE, em 12 de outubro de 1968, no município de Ibiúna, São Paulo, que levou mais de 800 lideranças estudantís de todo o país para a prisão. Intelectuais e artistas vinham aderindo fortemente aos protestos. O movimento operário também já dera sinais de resistência ao arrocho salarial da ditadura em especial nas greves de Osasco (SP) e de Contagem (MG). Mesmo no Congresso Nacional, controlado e manietado, parlamentares começaram a se rebelar e questionar a ordem vigente. Foi nesse crescente clima de crise política que os comandos das Forças Armadas, na presidência do general-ditador Arthur da Costa e Silva, decretaram o AI-5, fechando radicalmente o regime e generalizando o arbítrio e a repressão.

O capitão Lamarca conseguiu abandonar o quartel do 4.º Regimento de Infantaria do Exército em Quitaúna, Osasco, no dia 24 de janeiro de 1969, acompanhado do sargento Darcy Rodrigues, de um cabo e um soldado, mas a ambiciosa ação política e sua extraordinária repercussão se viram drasticamente reduzidas: em vez de sair dirigindo um grande caminhão com centenas de armamentos e munições, o oficial e seu grupo tiveram de deixar a instalação militar às pressas, numa Kombi improvisada, carregando (apenas) 63 fuzis, três submetralhadoras, uma pistola e alguma munição, ou seja, o que cabia no veículo, em busca de locais seguros (aparelhos) para se esconder.

Nenhum dos impactantes atentados programados para o dia 25 aconteceu.

O plano original fora comprometido dois dias antes, e quase por acaso, pela prisão de quatro militantes da VPR, envolvidos na preparação da ação. Eles estavam em um sítio no município de Itapecerica da Serra, na Grande São Paulo, pintando um caminhão com as cores do Exército – para ser utilizado por Lamarca na fuga do quartel –, quando um menino, filho de uma família da vizinhança, entrou na propriedade e se aproximou do local onde estava o veículo. Os militantes, surpresos, reagiram e o botaram pra fora, certamente assustando-o. A criança acabou contando o fato aos pais que decidiram avisar à polícia – atitude que não era incomum na época.

Por trás das chamas

Apesar de os quatro militantes presos, mesmo sob tortura, não terem aberto para a repressão a finalidade para a qual o caminhão seria utilizado, algumas informações foram descobertas e a VPR se viu obrigada a antecipar e precipitar a execução do plano, deixando de realizar o que teria sido a maior ação político-militar da guerrilha contra a ditadura desde o golpe de 64.

O projeto político da VPR no início de 1969 era iniciar imediatamente os preparativos da guerrilha rural sob a liderança de Lamarca. Com os contratempos da deserção, isso teve que ser adiado por cerca de dez meses. Somente após esse prazo, próximo ao final do ano, o capitão da guerrilha, juntamente com mais 16 companheiros, instalou-se na região do Vale do Ribeira – área muito pobre e com densas matas no interior do Estado de São Paulo –, onde organizou um núcleo de formação militar para preparar as futuras ações guerrilheiras.

Durante esse período, enquanto abrigava Lamarca em aparelhos clandestinos, buscava meios de escapar das perseguições e preparava o deslocamento de militantes para o campo, a VPR e o Comando de Libertação Nacional, Colina, se aproximaram politicamente e formaram em julho de 1969 uma nova organização, a Vanguarda Armada Revolucionária Palmares – VAR-Palmares –, fusão que durou menos de três meses, mas realizou durante essa curta existência a maior desapropriação de recursos financeiros feita pela esquerda brasileira em toda a sua história. Mais de dois e meio milhões de dólares numa tacada só.

Do Exército à guerrilha

Lamarca foi o principal dirigente da VPR – e uma das três maiores lideranças da guerrilha no Brasil, ao lado de Marighella (considerado pela ditadura o seu inimigo n.º 1) e Joaquim Câmara Ferreira, o "Toledo", ambos líderes da ALN – até o primeiro semestre de 1971 quando se afastou da organização para ingressar no MR8 (Movimento Revolucionário 8 de Outubro), nas fileiras do qual veio a ser assassinado no sertão da Bahia por um grande contigente repressivo, em 17 de setembro daquele ano.

Carlos Lamarca nasceu em 27 de outubro de 1937, no Rio de Janeiro, filho de Gertrudes e Antônio Lamarca. Crescendo em uma família de classe trabalhadora, desenvolveu desde cedo um forte senso de justiça social, participando de manifestações nacionalistas como a campanha "O petróleo é nosso". Após concluir o ensino ginasial, Lamarca, impulsionado por um misto de idealismo e desejo de ascensão, ingressou na Escola Preparatória de Cadetes, aos 17 anos, deixando para trás a vida simples no Morro de São Carlos, no Estácio, para mergulhar na disciplina militar em Porto Alegre (RS).

Sua jornada na carreira o levou à Academia Militar das Agulhas Negras (AMAN), em Resende (RJ), onde se formou aspirante a oficial em 1960. Lamarca destacou-se rapidamente como um habilidoso atirador, representando o II Exército em competições de tiro e cumprindo missões internacionais, como sua participação no Batalhão de Suez, em Gaza, sob a égide da ONU. No entanto, o golpe militar de 1964 marcou uma virada decisiva em sua vida, despertando seu desejo de lutar contra as injustiças do regime imposto.

Inicialmente tentando resistir dentro das estruturas da Força Armada, na qual servia na 6.ª Companhia de Polícia do Exército em Porto Alegre, Lamarca encontrou-se em um impasse ideológico após o golpe. Admirador da tentativa de resistência de Leonel Brizola, aproximou-se do Partido Comunista Brasileiro (PCB), embora nunca tenha formalizado sua filiação. Seu descontentamento com o regime e seu envolvimento com grupos de oposição tornaram-se cada vez mais evidentes, culminando em sua decisão de facilitar a fuga de um prisioneiro político sob sua guarda, um ato que sinalizava o início de seu rompimento com o Exército.

Casado com Maria Pavan e pai de dois filhos, Lamarca tomou a decisão de abandonar a carreira militar e dedicar-se inteiramente à luta armada após encontros com Carlos Marighella e Joaquim Câmara Ferreira, líderes da Ação Libertadora Nacional (ALN), em 1968. A opção dele, contudo, foi por ingressar na VPR.

A Vanguarda Popular Revolucionária (VPR), formada a partir de uma dissidência da Polop (Organização Revolucionária Marxista – Política Operária) e integrada por militares egressos do brizolismo, adotou uma linha política que buscava sintetizar as teses guevaristas com as diretrizes socialistas da luta revolucionária no Brasil. Lamarca, agora à frente da VPR e posteriormente da VAR-Palmares, emergiu como um dos principais líderes da resistência, inspirando gerações futuras com sua coragem, compromisso com a justiça social e disposição para sacrificar tudo pela liberdade do povo brasileiro.

Roubo do cofre: finanças e racha

Em 18 de julho de 1969, a VAR-Palmares executou o que viria a ser conhecido como "ação grande": o roubo do cofre do ex-governador de São Paulo, Adhemar de Barros. Guardado na residência de sua amante, Ana Capriglione, em Santa Teresa, Rio de Janeiro, o cofre continha cerca de US$ 2,4 a US$ 2,8 milhões, resultado, pelo que se sabe, da corrupção de Adhemar. Esse episódio não apenas significou uma redenção financeira para a luta guerrilheira, mas também marcou o início de um racha interno que culminaria na recriação da Vanguarda Popular Revolucionária (VPR).

Por trás das chamas

Após o roubo, divergências sobre a utilização dos recursos e a estratégia da luta armada provocaram uma cisão. Em setembro de 1969, durante um congresso da VAR, a maioria dos delegados optou por uma abordagem mais política, criticando o foco excessivo no militarismo. Um grupo dissidente, liderado por Maria do Carmo Brito e seu marido Juares Guimarães de Brito, manteve a prioridade na guerrilha imediata e reconstituiu a VPR.

No dia 18 de julho de 1969, seguindo o planejamento de Juares e fingindo-se de policiais, um grupo de militantes da VAR invadiu o local. Usaram pranchas para fazer o cofre deslizar até a garagem, colocaram-no em uma caminhonete e o levaram para um "aparelho", onde utilizaram um maçarico para abri-lo, tendo o cuidado de usar água para não queimar o dinheiro.

Como os recursos eram clandestinos, Ana Capriglione não deu queixa do roubo e, chamada a depor, negou a existência do cofre.

Guerrilha do Vale do Ribeira

Depois dessa ação espetacular, e já novamente na liderança da recriada VPR, Lamarca foi montar a guerrilha no Vale do Ribeira. Em abril de 1970, o grupo de guerrilheiros foi localizado pela repressão e iniciou-se um longo cerco que durou mais de 40 dias, com embates, prisões e mortes, período marcado por intensos confrontos com as forças do Exército e da Polícia Militar, que cercaram a região em uma operação de grande escala. Apesar do relativo êxito inicial, a guerrilha enfrentou dificuldades crescentes, explicitando o desafio de manter a resistência armada diante de um regime cada vez mais repressivo.

Apesar do enorme contingente militar, Lamarca conseguiu romper o cerco ao lado de dois companheiros, após a retirada de vários outros da região. A Operação Registro, como a denominou o II Exército, durou 41 dias e resultou na prisão de quatro guerrilheiros.

De volta à cidade, Lamarca voltou ao comando e planejamento de ações armadas urbanas da VPR, voltadas principalmente para o resgate de prisioneiros e propaganda política contra a ditadura.

O Embaixador dos EUA

Praticamente no mesmo período em que a VAR-Palmares realizava o Congresso em que se deu o racha, o MR8 e a ALN planejavam a mais impactante ação político-militar da história da esquerda contra o regime ditatorial, com enorme repercussão nacional e internacional. Em 4 de setembro de 1969, as duas organizações sequestraram o embaixador dos Estados Unidos no Brasil, Charles Burke Elbrick, no Rio de Janeiro. O principal objetivo da ação era a libertação de presos políticos, entre eles Vladimir Palmeira, importante liderança estudantil, dirigente do MR8, que estava preso desde a queda do Congresso da UNE em Ibiúna. O sucesso do sequestro, libertando 15 prisioneiros políticos trocados pelo embaixador, destacou a capacidade das organizações guerrilheiras de desafiar o regime, mas também provocou em seguida uma repressão ainda mais brutal.

Exatamente dois meses após o sequestro, em 4 de novembro de 1969, Carlos Marighella, líder da ALN e uma das figuras mais proeminentes da resistência armada, foi assassinado em uma emboscada em São Paulo. Sua morte representou um golpe devastador para o movimento guerrilheiro e marcou o início de um período de impasse, de luta pela sobrevivência, logo seguido pelo declínio, fragmentação e massacre das organizações da esquerda armada.

1970: mais sequestros e repressão

O ano de 1970 ainda se caracterizou por uma série de ações audaciosas e de grande repercussão realizadas pela Vanguarda Popular Revolucionária (VPR) e organizações aliadas contra a ditadura militar no Brasil. Em meio a um cenário de intensificação da repressão e profissionalização dos órgãos de segurança, como os DOI-CODIs, essas organizações mantiveram a resistência, recorrendo ao sequestro de diplomatas estrangeiros como forma de pressionar o governo a libertar presos políticos.

No dia 12 de março de 1970, foi sequestrado o cônsul-geral do Japão em São Paulo, Nobuo Okuchi. A ação teve como objetivo pressionar o regime militar a atender a demandas específicas, incluindo a libertação de presos políticos submetidos a torturas nos cárceres da ditadura, entre eles, o dirigente da VPR Chizuo Osava, o "Mário Japa", que caíra dias antes e possuía informações sobre a guerrilha no Vale do Ribeira, onde estava Lamarca. A negociação culminou na libertação de cinco detentos, inclusive o "Mário Japa", que foram exilados no México, evidenciando a eficácia dessa tática de resistência.

Em 11 de junho de 1970, a luta contra a repressão ganhou novo ímpeto com o sequestro de Ehrenfried von Holleben, embaixador da Alemanha Ocidental no Brasil, pela ALN em conjunto com a VPR. Semelhante ao caso anterior, o sequestro visava a libertação de presos políticos. Após intensas negociações, 40 prisioneiros foram libertados e enviados para a Argélia, marcando mais uma vitória simbólica da resistência.

Encerrando o ano de sequestros, em 7 de dezembro de 1970, Giovanni Enrico Bucher, embaixador da Suíça no Brasil, foi aprisionado no Rio de Janeiro pela VPR. O governo brasileiro, pressionado, concordou em libertar 70 presos políticos, que foram enviados ao Chile, então sob o governo democrático e socialista de Salvador Allende. Este sequestro, o último realizado pelas esquerdas brasileiras, reafirmou a capacidade das organizações de resistência em desafiar a ditadura e negociar a libertação de companheiros de luta, mas isso já se deu num contexto de relativa debilidade, com as negociações passando por idas e vindas e se estendendo por mais de 40 dias.

O ano de 1970 também foi marcado por um intenso impasse entre o avanço da repressão estatal e os esforços de resistência das organizações guerrilheiras. Os DOI-CODIs, instrumentos de repressão e tortura, tornaram-se tristemente célebres por suas práticas brutais e pela violação sistemática dos direitos humanos. A profissionalização e o aumento dos crimes cometidos por esses órgãos refletiam a determinação do regime em esmagar qualquer forma de oposição.

Em meio a esse cenário adverso, a resistência enfrentou desafios sem precedentes para manter suas estruturas e continuar a luta. Muitos militantes foram capturados, torturados e assassinados, somando-se às listas de mortos e desaparecidos políticos do período. Essas perdas, além de representarem um golpe para as organizações, evidenciaram o alto custo humano da luta contra a ditadura.

1971-72: crepúsculo da VPR

Carlos Lamarca teve o seu destino selado em 1971. Após meses de intensa perseguição à VPR, com muitas prisões, mortes e desaparecimentos forçados, Lamarca se afastou da organização e se integrou às fileiras do MR8, que estava revendo sua linha política e parecia melhor estruturado para enfrentar o cerco repressivo. Levado para o interior da Bahia, acabou sendo morto em 17 de setembro daquele ano, com outros companheiros, após um longo cerco das forças repressivas.

A morte de Lamarca não representou apenas a perda de um grande líder; simbolizou também um golpe devastador no moral do que restava das organizações guerrilheiras e das forças de resistência. Lamarca era visto como um símbolo de coragem e determinação, e sua perda indicava a ampla derrota que já se antevia no horizonte.

A repressão chegou a Lamarca com a prisão em agosto, em Salvador, de um militante que conhecia tanto o seu paradeiro como a localização de um aparelho onde se encontrava – e foi levada à morte – a psicóloga paulista Iara Iavelberg, companheira de Lamarca desde 1969. Com isso, os órgãos de segurança iniciaram o cerco à região.

Um tiroteio travado entre a polícia e os irmãos de José Campos Barreto, o Zequinha, que acompanhava Lamarca, obrigou-os a iniciar uma longa e penosa rota de fuga, de 28 de agosto a 17 de setembro, em um percurso de quase 300 km. Ao descansarem à sombra de uma baraúna, foram surpreendidos pela repressão. Lamarca estava desnutrido, asmático, provavelmente com doença de Chagas – e foi assassinado a sangue frio.

1973: massacre da Chácara São Bento

A morte de Lamarca foi um prelúdio para um dos períodos mais sombrios da luta contra a ditadura. O regime militar, utilizando-se dos DOI-CODIs e de outras estruturas repressivas com pleno poder, intensificou suas ações contra as organizações guerrilheiras. Operações de busca e aniquilação tornaram-se mais frequentes e brutais, marcadas por torturas, execuções sumárias e desaparecimentos forçados.

Um dos episódios mais trágicos dessa escalada de violência foi o massacre na Chácara São Bento, em Pernambuco, que praticamente aniquilou o que restava da VPR.

O massacre aconteceu em 8 de janeiro de 1973, resultando na morte de seis militantes da Vanguarda Popular Revolucionária. Essa chacina foi provocada pela maior traição do Cabo Anselmo, um agente infiltrado que desempenhou papel crucial na operação de repressão, levando à execução dos militantes, incluindo sua própria companheira, Soledad Barrett Viedma, que estava grávida de um filho do próprio Anselmo.

O contexto da traição

Na segunda metade de 1972, Soledad Barrett Viedma e Cabo Anselmo, ambos com históricos de militância e treinamento de guerrilha em Cuba, viviam clandestinamente em São Paulo. Anselmo, já reintegrado à VPR, foi designado para organizar bases guerrilheiras no Nordeste, atuando junto com Soledad. Em uma ação coordenada pelo delegado Sérgio Paranhos Fleury, "o cachorro" – termo utilizado pela repressão para designar os infiltrados que mudavam de lado – sinalizou para que a polícia do DOPS de São Paulo invadisse o local onde os militantes estavam reunidos, resultando no massacre.

Mortos e Desaparecidos
Os seguintes militantes foram assassinados nessa operação:
- Eudaldo Gomes da Silva (1/10/1947 – 8/1/1973)
- Evaldo Luiz Ferreira de Souza (5/6/1942 – 9/1/1973)
- Jarbas Pereira Marques (27/8/1948 – 8/1/1973)

Por trás das chamas

- José Manoel da Silva (2/12/1940 – 8/1/1973)
- Pauline Philippe Reichstul (18/7/1947 – 8/1/1973)
- Soledad Barrett Viedma (6/1/1945 – 8/1/1973)

Operação e versão oficial

A polícia alegou que os militantes foram mortos em um tiroteio durante um suposto congresso da VPR na Chácara São Bento. Contudo, investigações e testemunhos posteriores desmentiram essa versão, evidenciando que os militantes foram presos antes da execução, desmascarando a ação policial como uma emboscada planejada, com o auxílio da traição do Cabo Anselmo.

Reconstrução da verdade

A verdade sobre o massacre só veio à tona após anos de investigações por parte de comissões de direitos humanos e familiares das vítimas. Ficou evidenciado que não houve resistência por parte dos militantes, e sim uma execução sumária, fruto de tortura e sevícias. Documentos e relatos confirmaram a presença de sinais de algemas e cordas nos corpos, indicativos de que já estavam detidos quando foram assassinados.

Duplo martírio de José Manoel

A história de José Manoel da Silva é particularmente tocante. Sua esposa, Genivalda Maria da Silva, após saber onde seu marido fora enterrado como indigente, realizou um resgate clandestino de seus ossos, enterrando-os novamente em uma cerimônia privada, realizando um ato corajoso de resistência e memória.

A face oculta de Anselmo

Cabo Anselmo, após o massacre, fugiu e viveu sob nova identidade, mantendo-se à margem até ser redescoberto em 1984. Sua traição à esquerda brasileira resultou na morte, tortura, e desaparecimento de centenas de militantes, incluindo Soledad Barrett Viedma, sua companheira grávida, a quem ele traiu, entregando-a à repressão para ser assassinada. Este ato destaca a profundidade de sua traição, evidenciando não apenas a entrega de companheiros à morte, mas também a traição no nível mais pessoal e íntimo.

A história do Massacre da Chácara São Bento, a trágica figura de Cabo Anselmo, e os destinos dos militantes envolvidos são lembretes sombrios dos horrores enfrentados durante a ditadura militar brasileira. A complexidade dessa traição, marcada não apenas pela entrega de companheiros à morte mas também pelo abandono de uma companheira grávida, evidencia a brutalidade criminosa da repressão daquela época.

O massacre e a subsequente descoberta da verdade sobre as circunstâncias dessas mortes lançam uma luz sobre a importância da memória e da justiça para as vítimas da ditadura. Enquanto os corpos dos militantes foram enterrados como indigentes ou em cerimônias clandestinas, a busca incansável por verdade e justiça por parte de familiares e ativistas de direitos humanos garantiu que suas histórias e sacrifícios não fossem esquecidos.

A recuperação dos ossos de José Manoel da Silva e o reenterro digno, assim como a exposição da verdadeira história por trás do Massacre da Chácara São Bento, são vitórias importantes na luta contra o esquecimento e a impunidade.

A trajetória de Cabo Anselmo, de militante a traidor, e o destino de seus companheiros ilustram a complexidade e as muitas facetas da resistência contra a ditadura. O Massacre da Chácara São Bento permanece como um episódio sombrio na história do Brasil, um símbolo da brutalidade do regime militar e da dolorosa busca por justiça e verdade pelas vítimas e seus familiares.

Armadilha fatal

Em julho de 1974, Onofre Pinto e mais cinco militantes, entre eles os irmãos Daniel e Joel José de Carvalho, "desapareceram" quando retornavam clandestinamente ao Brasil pela fronteira com a Argentina. Eles foram os últimos integrantes da VPR a ser mortos pela repressão, em um episódio até hoje envolvido em mistério.

Foram assassinados nessa armadilha:

- Daniel José de Carvalho (13/10/1945 – 11/7/1974)
- Enrique Ernesto Ruggia (25/7/1955 – 11/7/1974)
- Joel José de Carvalho (13/7/1948 – 11/7/1974)
- José Lavéchia (25/5/1919 – 11/7/1974)
- Onofre Pinto (26/1/1937 – 11/7/1974)
- Vitor Carlos Ramos (18/1/1944 – 11/7/1974)

Há documentos oficiais, encontrados nos arquivos da repressão, informando que os serviços de segurança do país mantinham sob controle a movimentação do grupo no exterior e sabiam do seu intento de retornar clandestinamente ao Brasil para, entre outras ações, "justiçar" o delegado Sérgio Paranhos Fleury, do Deops de São Paulo.

Por trás das chamas

Mas não se sabe exatamente quem seria(m) o(s) responsável(is) por passar informações sobre o grupo para a repressão, quais as circunstâncias precisas em que se deu a captura e execução dos militantes, se de fato eram seis (há controvérsia sobre a presença de José Lavéchia), quem foram os agentes que os executaram, e onde estão enterrados os seus restos mortais.

Vitor Carlos Ramos, por exemplo, é considerado um "caso novo", que não consta sequer do Dossiê dos Mortos e Desaparecidos Políticos a Partir de 1964. Não foi, portanto, incluído no Anexo da Lei 9.140/95. Na Comissão Especial, coube a Nilmário Miranda fazer o relato do processo.

Ao todo, a VPR e a VAR-Palmares tiveram nada menos de 50 dirigentes e militantes assassinados pela ditadura nessa saga que se desenvolveu de 1969 a 1974, 33 da VPR e 17 da VAR, sem contar Lamarca, que morreu militando no MR8.

"Só queria agasalhar meu anjo..." MR8
Stuart e Zuzu Angel

Alex Polaris estava preso no CISA (Centro de Informação da Aeronáutica) na Base Aérea do Galeão. Conseguiu subir até uma janela da cela que dava para o pátio e viu a tortura bestial a que foi submetido Stuart Angel. Quando saiu daquele inferno e foi para um presídio, fez uma carta a Zuzu Angel, mãe do companheiro:

"Em um certo momento, retiraram o capuz e pude vê-lo sendo espancado, depois de descido do pau-de-arara. Antes, à tarde, ouvi durante muito tempo um alvoroço no pátio do CISA. Havia barulho de carros sendo ligados, acelerações, gritos, uma tosse constante de engasgo, e pude notar que se sucedia sempre com as acelerações. Ao subir na janela, a dois metros do chão, me deparei com algo difícil de esquecer. Junto a um sem-número de torturadores, oficiais e soldados, era arrastado de um lado para outro do pátio amarrado a uma viatura, e, de quando em quando, obrigado a pôr a boca quase colada a uma descarga aberta, a respirar gases tóxicos que eram expelidos".

Stuart Angel Jones tinha 25 anos. Nasceu em Salvador em 1946. O pai, Norman Angel Jones, era americano, e a mãe Zuleika Angel Jones era mineira de Curvelo. Foi criado no Rio, dividindo o quarto com as irmãs Hildegard e Ana Cristina, na casa onde funcionava um ateliê de alta costura de Zuzu Angel.

Estudava economia na UFRJ. Atuou no Movimento Estudantil. Trabalhou como professor. Amava esporte. Praticou tênis, natação, capoeira, levantamento de peso. Mas foi no remo que se destacou, sendo campeão pelo Flamengo em 1964 e 1965. Foi do PCB e participou da dissidência estudantil da Guanabara, que adotou o nome de Movimento Revolucionário 8 de Outubro, em homenagem a Che Guevara.

Em 1968 casou-se com Sônia Maria Moraes Angel (assassinada pela repressão política em 1973). Em abril de 1971, Carlos Lamarca aderiu ao MR8, o Capitão era o homem mais procurado do país". Stuart foi preso em 14 de maio de 1971 por agentes do CISA, e levado à Base Aérea do Galeão.

A saga de Zuzu Angel

Por ter seu filho com dupla cidadania, Zuzu Angel procurou nos EUA o senador Edward Kennedy, que da tribuna denunciou o desaparecimento do Stuart. Seis deputados do Partido Democrata exigiram respostas do governo brasileiro. Um deles, Richard Nolan, enviou carta a Henry Kissinger, Secretário de Estado, ao Secretário Geral da ONU e ao embaixador brasileiro nos Estados Unidos.

Em 15 de setembro de 1971, durante o lançamento de uma nova coleção de inverno, em Nova York, os temas das roupas da coleção de Zuzu Angel eram mortos amordaçados, meninos aprisionados, pássaros engaiolados, balas de canhão contra anjos, sol atrás das grades, jipes, quepes militares. Envolveu em sua causa pessoas como Joan Crawford, Veruska, Liza Minelli, Margot Fontaine. "Não tenho a coragem que tinha meu filho, mas eu tenho legitimidade", dizia.

Em 12 de abril de 1972, o caso das torturas e desaparecimento foi levado ao CDDPH (Conselho de Defesa dos Direitos da Pessoa Humana), presidido pelo ministro da Justiça Alfredo Buzaid, da linha dura do ditador Garrastazu Médici. Só o presidente da OAB, José Cavalcanti Neves, votou contra o arquivamento da denúncia.

Em 1976, usando seu prestígio como estilista, Zuzu Angel conseguiu entrada no hotel onde se hospedava o poderoso Henry Kissinger, e entregou o livro do historiador Hélio Silva que detalhava o martírio de Stuart Angel. Graças a isso, apesar da censura, o *Jornal do Brasil*, de 15 de abril de 1976 relatou o fato. Em depoimento ao historiador Hélio Silva e à Maria Cecília Carneiro, Zuzu contou sua peregrinação a autoridades militares, parlamentares, religiosas e diplomáticas.

Desmentiu o general Silvio Frota, Comandante do 1 Exército, que negava a prisão de Stuart. Responsabilizava o brigadeiro João Paulo Penido Burnier por ter dirigido o processo de tortura na Base Aérea e pela ocultação do cadáver, com a participação de João Alfredo Poeck (do CENIMAR), coronel de Exército Alcântara, capitão Lúcio Barroso, Carlos Alberto Dellamora, do CISA, major aviador Jorge Correia, do CISA, coronel Ferdinando Muniz, chefe do CISA.

Em carta à Anistia Internacional em 22 de fevereiro de 1975, os denunciou.

Num gesto de ousadia que só mães ousam, tomou o microfone de um voo da Varig e anunciou que o avião pousaria no Aeroporto do Galeão, no Brasil, onde havia torturas, assassinatos e desaparecimentos de pessoas pela ditadura.

Ao receber ameaças reiteradas de morte, escreveu cartas a várias pessoas, como Chico Buarque, que deveriam ser publicadas caso algo lhe acontecesse: "se eu aparecer morta por acidente ou outro meio, terá sido por obra dos assassinos do meu amado filho".

Em 14 de abril de 1976, quando seu carro, um Karmann Ghia, saía do Túnel Dois Irmãos, foi forçado por um jeep com camuflagem a se projetar da Estrada da Gávea. Por sorte, um estudante de direito, paraibano, da janela do seu apartamento em São Conrado, viu e relatou a seu amigo jornalista o que sucedera.

Depois de alguns minutos, resolveram descer e se dirigirem ao local onde despencara o automóvel, e em poucos minutos chegaram a uma área já interditada, com carros e as Veraneios com antenas longas. Retornaram ao apartamento.

No dia seguinte, leram que Zuzu Angel havia morrido em um acidente ao perder o controle do carro. O jovem estudante, Marcos Pires, relatou ao deputado Marcondes Gadelha, do MDB "autêntico", o que assistira. Foi aconselhado a não fazer a denúncia, sob a pena de ter o mesmo destino de Zuzu Angel.

Uma denúncia, 20 anos depois...

Vinte anos depois, em 1996, Marcos Pires viu pela TV Hildegard Angel protestando com enorme indignação ante o indeferimento do requerimento à Comissão Especial de Mortos e Desaparecidos Políticos por 5x2.

Votaram contra, por não haver provas suficientes de atentado político, o presidente da CEMDP, Miguel Reale, o consultor do Itamarati José Grandino Rodas, o procurador federal Paulo Gonet, o jornalista e advogado Luiz Francisco Carvalho Filho e o general Osvaldo Gomes, representante das Forças Armadas.

Pela aprovação votaram Suzana Lisbôa, representante dos familiares dos mortos e desaparecidos políticos e o deputado federal Nilmário Miranda, representante da Comissão de Direitos Humanos da Câmara dos Deputados.

No dia seguinte, o advogado paraibano Marcos Pires ligou para a Comissão de Direitos Humanos da Câmara dos Deputados e disse que havia testemunhado o atentado. Imediatamente, o deputado Nilmário Miranda foi à João Pessoa, ouviu o relato de Marcos Pires, que aceitou relatar a verdade na Assembleia Legislativa da Paraíba com a presença da OAB.

As filhas Hildegard e Ana Cristina recorreram da decisão e Luiz Francisco Carvalho Filho foi designado relator. Ouviu dois peritos, engenheiros que demonstraram que o laudo de 320 páginas do prestigioso Instituto de Criminalística Carlos Éboli era uma farsa. Para o Karmann Ghia quebrar a mureta que separava as pistas, atravessar os 28 metros até o meio fio, derrubar o pequeno muro de concreto e se projetar no espaço, seria fisicamente impossível.

Com base no relatório dos engenheiros Valdir Florenzo e Rafael Marteleto Filho, que trabalharam sem custos, Luiz Francisco votou pelo recurso e por 4x3 foi revertida a decisão com a voz do relator, de Miguel Reali, Suzana Lisboa e Nilmário Miranda.

Em 1977, Chico Buarque e Miltinho gravaram "Angélica": "só queria agasalhar meu anjo e deixar o seu corpo descansar".

Em tempo:

* Há versões sobre o destino do corpo de Stuart: 1) um helicóptero da Marinha teria jogado o corpo na área militar da restinga de Marambaia; 2) teria sido enterrado como indigente com nome trocado num cemitério de subúrbio, talvez Inhaúma (RJ); 3) teria sido enterrado na cabeceira da pista da base aérea do Galeão. Seu corpo nunca foi encontrado.

*O jornalista Mário Magalhães, autor da biografia de Carlos Marighella, foi ao apartamento onde estava Marcos Pires em 14 de abril de 1976 e se deslocou até o local do falso acidente. Gastou 4 minutos e 15 segundos.

*O filme de Sérgio Rezende "Zuzu Angel", de 2006, retratou bem a mulher ousada, inovadora, talentosa, envolvente e alegre.

Ações, resistências e mortes
PCBR, MRT, AP e Polop-POC

Além das várias organizações de esquerda destacadas em outros textos deste livro, que adotaram a luta armada e tiveram dirigentes e militantes assassinados pela ditadura, neste capítulo estão resumidas as histórias do PCBR (Partido Comunista Brasileiro Revolucionário), da AP (Ação Popular), do MRT (Movimento Revolucionário dos Trabalhadores), da Polop e do POC (Política Operária – Partido Operário Comunista). A AP e a Polop, a rigor, não aderiram à luta armada, mas algumas de suas dissidências e frações o fizeram.

PCBR: origens e ideais

O Partido Comunista Brasileiro Revolucionário (PCBR) nasceu da dissidência interna do Partido Comunista Brasileiro (PCB), catalisada pela insatisfação com a liderança de Luís Carlos Prestes e pela necessidade premente de uma resposta mais combativa ao regime militar. Em abril de 1968, sob a liderança de Mário Alves, jornalista e ex-membro da Executiva do PCB, o PCBR foi formalizado no Rio de Janeiro com essa denominação, marcando o início de uma nova fase na luta pela democracia e justiça social no Brasil.

Propaganda e ação armada
Divergindo da estratégia tradicional do PCB de alianças com setores da burguesia e lutas pacíficas, o PCBR adotou uma postura radicalmente diferente, concentrando seus esforços em operações armadas urbanas e na mobilização direta da população. Esse caminho refletia a convicção de que apenas uma luta intensa e radical poderia derrubar o regime militar e pavi-

mentar o caminho para uma sociedade socialista no Brasil. A organização não tardou a colocar suas ideias em prática, lançando-se em uma série de ações que íam desde assaltos a bancos, visando financiar suas atividades, até operações mais elaboradas de guerrilha urbana.

Preço da resistência

A resposta do regime militar às atividades do PCBR foi rápida e brutal. A repressão intensificou-se, e muitos militantes do partido encontraram-se na mira das forças de segurança. Um após o outro, os membros do PCBR foram caindo, vítimas de sequestros, torturas e assassinatos que visavam aniquilar a resistência armada à ditadura.

Os que se foram

"De acordo com Jacob Gorender, um dos dirigentes do partido, autor de Combate nas trevas, o PCBR tinha bases na Guanabara, estado do Rio, e uma menor em São Paulo. Ele conta: 'No Nordeste, da Bahia ao Ceará, tínhamos uma base de apoio muito superior a qualquer facção dissidente do PCB e capaz de competir nos meios da esquerda'. No Paraná, o PCBR expandiu-se a partir de Londrina. Em janeiro de 1970, a repressão atingiu fortemente o partido, com a prisão de Salatiel Teixeira Rolim. "Depois de muito torturado, Salatiel abriu a localização dos aparelhos do PCBR", segundo Gorender. De 12 de janeiro em diante, começaram as prisões que arrastaram Apolônio de Carvalho, Miguel Batista, Jacob Gorender, Renê Carvalho, Álvaro Caldas e outros dirigentes.

No dia 16 de janeiro, foi a vez de Mário Alves, morto na madrugada do dia seguinte, após bárbaras torturas. Dias depois, o marujo Marco Antônio apareceu morto em um aparelho da organização.

O PCBR teve 16 dos seus integrantes mortos, sendo quatro desaparecidos (Mário Alves, Ezequias Bezerra Rocha, Ramires Maranhão do Vale e Vitorino Alves Moitinho) e 12 "mortos oficiais".

Eis a seqüência:

- Mário Alves, em 17/1/70 no Rio de Janeiro.
- Odijas Carvalho de Souza, em 8/2/71 no Recife.
- Luiz Andrade de Sá Benevides e Míriam Lopes Verbena, em 8/3/72, mortos em "acidente" no carro de Ezequias Bezerra da Rocha, desaparecido no dia 11 de março.

Segundo a versão oficial, seis militantes foram mortos no dia 29 de dezembro de 1972. Três carbonizados em um Fusca no Grajaú (Getúlio D'Oliveira Cabral, José Silton Pinheiro, José Bartolomeu Rodrigues), um do lado de fora (Fernando Augusto Valente da Fonseca) e dois durante um tiroteio em Bento Ribeiro, no Rio (Lourdes Vanderley Pontes e Valdir Sales Sabóia).

(...) Versões absolutamente falsas. Nessa mesma época, no bojo de uma série de prisões em Pernambuco e no Rio Grande do Norte, ocorre um estranho "suicídio", em 23 de janeiro de 1973, por asfixia e com queimaduras de 1.º e 2.º graus na região pubiana, de Anatália Melo Alves. Em outubro de 1973, novamente quatro militantes são carbonizados em um carro na Praça Sentinela, Jacarepaguá, Rio de Janeiro: Ranúsia Alves Rodrigues, Almir Custódio de Lima, Ramires Maranhão do Vale e Vitorino Alves Moitinho. (*Dos filhos deste solo*)

História de resistência
Desde a sua fundação em abril de 1968, em meio a um período de efervescência política e social, o PCBR adotou uma postura crítica em relação às estratégias então vigentes no movimento comunista brasileiro, especialmente no que tange à aliança com setores da burguesia defendida pelo PCB. Essa decisão estratégica, que definiu o caminho da organização para a luta armada, reflete o contexto de radicalização política da época, marcado pela repressão implacável do Estado contra qualquer forma de oposição.

Os episódios de violência e repressão enfrentados pelos membros do PCBR, com a perda de vidas de destacados militantes como José Milton Barbosa, Mário Alves, e tantos outros, evidenciam o alto preço pago pela resistência à ditadura. As histórias de tortura, desaparecimento e morte não apenas sublinham a brutalidade do regime militar, mas também a coragem inabalável daqueles que se opuseram a ele.

O legado do PCBR transcende as ações armadas e confrontos diretos com as forças de segurança do regime. Ele reside, fundamentalmente, no compromisso com a transformação social e política do Brasil, na crença inquebrantável na possibilidade de construir uma sociedade mais justa, e na inspiração que continua a oferecer às novas gerações de ativistas e lutadores sociais.

A história do PCBR é um testemunho da complexidade da resistência à ditadura militar no Brasil, refletindo as diversas estratégias e visões políticas que coexistiram e, por vezes, entraram em conflito. O sacrifício dos seus militantes é um lembrete doloroso das consequências da luta pela liberdade e da importância de preservar a memória histórica como instrumento de justiça e reparação.

AP: da fé à revolução

A Ação Popular (AP), surgida no contexto das mobilizações sociais e políticas do Brasil no início da década de 1960, desempenhou um papel significativo na resistência ao regime militar instaurado pelo golpe de 1964. A AP originou-se dos quadros da Juventude Universitária Católica (JUC) e rapidamente se consolidou como uma das principais organizações de esquerda do país, adotando uma perspectiva marxista-leninista ao longo de sua trajetória. Suas principais ações políticas:

• Mobilização Estudantil – A AP teve um papel destacado na mobilização estudantil contra a ditadura militar, participando ativamente nas manifestações, passeatas e atos públicos que marcaram o período. A organização contribuiu para a reestruturação da União Nacional dos Estudantes (UNE) após o golpe de 1964 e participou de congressos estudantis, mesmo sob a repressão do regime. Uma de suas lideranças, Luís Travassos, por exemplo, presidiu a UNE em 1967-1968.

• Lutas Camponesas e Sindical – Embora mais conhecida pela sua atuação no meio estudantil, a AP também se envolveu nas lutas camponesas e no movimento sindical, buscando articular a resistência nos campos e nas fábricas. A organização apoiou greves e mobilizações de trabalhadores, além de participar de movimentos pela reforma agrária.

• Formação Política – A AP defendeu a organização da sociedade civil em oposição ao regime militar e promoveu a conscientização política através de cursos, seminários e publicações. A organização também atuou na clandestinidade, desenvolvendo estratégias de resistência ao regime e mantendo redes de apoio a perseguidos políticos.

• Ações Armadas – Embora a AP inicialmente adotasse uma postura majoritariamente de luta política e mobilização social, ao longo do tempo, especialmente após a radicalização do regime militar no final dos anos 60 e início dos anos 70, alguns segmentos da organização passaram a defender e a participar de ações armadas como forma de resistência.

• União com o PCdoB – Em um momento de sua história, a maior parte da AP optou por uma fusão com o Partido Comunista do Brasil (PCdoB), buscando fortalecer a luta contra a ditadura militar. Esse processo refletiu a busca por uma unidade maior entre as forças de esquerda no país.

• Internacionalismo – A AP teve participação em redes de solidariedade internacional, apoiando movimentos de libertação nacional e resistindo à influência dos Estados Unidos na América Latina, em especial no contexto da Guerra Fria.

Militantes mortos e desaparecidos

A repressão do regime militar resultou em numerosos casos de morte e desaparecimento entre os militantes da AP e APML. Alguns exemplos:

1964
- Ivan Rocha Aguiar e Jonas José Albuquerque Barros (1.º de abril): Mortes registradas entre os primeiros confrontos estudantis contra a ditadura.

1971
- Raimundo Eduardo da Silva (5 de janeiro): Morto sob tortura após ser preso.
- Luis Hirata (20 de dezembro): Morto após ser gravemente ferido e torturado.

1973
- José Carlos Novaes da Mata Machado e Gildo Macedo Lacerda (28 de outubro): Desaparecidos após serem presos no Recife. Mata Machado teve seu corpo identificado posteriormente, enquanto Lacerda permanece desaparecido.

1974
- Eduardo Collier Filho e Fernando Augusto Santa Cruz Oliveira (23 de fevereiro): Desapareceram após serem presos pelo DOI-Codi/RJ.

A história da AP é um dos marcos mais significativos da resistência das esquerdas à ditadura, com forte inserção social, dedicação intensa ao trabalho popular de base e evolução para posições em defesa da democracia e do socialismo para o Brasil.

MRT: audácia e sacrifício

O Movimento Revolucionário Tiradentes (MRT) surgiu no final da década de 60, fruto de uma dissidência da Ala Vermelha (por sua vez, uma fração do PCdoB) e carregado de uma visão audaciosa de confronto direto contra o regime militar. Com lideranças como Devanir de Carvalho e Joaquim Alencar de Seixas, o MRT não tardou a marcar sua presença na luta armada, realizando operações ousadas que desafiavam o aparato repressivo do Estado.

Dentre suas ações mais emblemáticas, destacam-se o sequestro do cônsul-geral do Japão e o assassinato do empresário Henning Boilesen, apoiador da repressão. Esses atos não apenas expuseram as fissuras do regime, mas também evidenciaram a disposição do MRT para enfrentar a violência estatal com determinação e coragem.

Resistência e repressão

A resposta do regime militar às atividades do MRT foi implacável. A captura e o assassinato de seus principais líderes, como Devanir José de Carvalho e Dimas Antônio Casemiro, sob condições brutais de tortura, refletem a ferocidade da repressão enfrentada pelo movimento. Esses eventos não apenas dizimaram a liderança do MRT, mas também sinalizaram os enormes riscos inerentes à luta armada sob uma ditadura militar.

O legado do Movimento Revolucionário Tiradentes é caracterizado por sua ousadia e pela disposição inabalável de seus membros em sacrificar tudo pela liberdade e justiça. A memória dos militantes do MRT, imortalizada em suas ações desafiadoras e no preço final pago por sua resistência, continua a ecoar como um testemunho da luta contra a opressão e pela dignidade humana.

Legado do MRT

O Movimento Revolucionário Tiradentes (MRT) insere-se na narrativa da resistência brasileira contra a ditadura militar como uma força de resistência e comprometimento inquebrantáveis. Formado em uma época de profunda repressão política, o MRT simbolizou a disposição de parte da esquerda brasileira em adotar a luta armada como meio de contestação ao regime autoritário imposto pelo golpe de 1964. Suas ações, marcadas pela coragem e pela capacidade de mobilizar esforços conjuntos com outros grupos guerrilheiros, são testemunhos da complexa trama de ações que caracterizou esse período sombrio da história brasileira.

A trajetória do MRT, embora pontuada pela tragédia do assassinato de seus principais líderes e militantes, como Aderval Alves Coqueiro, Devanir José de Carvalho, Joaquim Alencar de Seixas, e Dimas Antônio Casemiro, não se define apenas pela perda e pelo sofrimento. Ela representa, também, um capítulo importante de resistência criativa e determinada contra a opressão, marcando o regime militar com desafios constantes à sua pretensão de controle absoluto sobre a sociedade brasileira.

O legado do MRT vai além das ações armadas e do confronto direto com as forças de segurança do estado. Ele se encontra na memória da resistência como um todo, na inspiração que continua a oferecer para a luta pela justiça social e pela democracia, e na lembrança dos que caíram lutando por um Brasil livre da tirania militar. O sacrifício dos membros do MRT e sua disposição em enfrentar um dos períodos mais repressivos da história brasileira são um chamado à reflexão sobre o valor da liberdade e a importância das lutas por uma sociedade democrática, justa e igualitária.

Por trás das chamas

Polop-POC: Programa Socialista

A Organização Revolucionária Marxista – Política Operária (Polop), surgida em 1961, ocupa um lugar especial na história da esquerda brasileira. Representando um ponto de inflexão na trajetória política do país, a Polop se destacou por sua abertura ao debate e pela busca de um caminho revolucionário distinto, tanto do Partido Comunista Brasileiro tradicional quanto das correntes trotskistas da época. Composta por estudantes, intelectuais e trabalhadores de várias partes do Brasil, a Polop foi fundamental na elaboração do Programa Socialista para o Brasil e na proposta de uma frente dos trabalhadores da cidade e do campo. Em meados de 1968, a Polop se fundiu com a Dissidência Leninista do Rio Grande do Sul e outros grupos saídos do PCB e deu origem ao POC, Partido Operário Comunista. Frações da Polop e do POC deram origem a diversas outras organizações, algumas das quais aderiram à luta armada contra a ditadura.

Mosaico de lutas e ideais
Desde suas primeiras ações, a Polop demonstrou um compromisso com a pluralidade de táticas e estratégias na oposição ao regime militar. Suas tentativas de guerrilha urbana, especialmente nas Guerrilhas de Caparaó e Três Passos, refletem o desejo de adaptar experiências revolucionárias internacionais ao contexto brasileiro, mesmo diante das dificuldades impostas pela repressão do estado. Essas experiências, apesar de não chegarem a se efetivar, foram importantes para o amadurecimento político da esquerda brasileira, influenciando a trajetória de luta contra a ditadura.

Sacrifício e memória
A repressão brutal do regime militar afetou profundamente a Polop e o POC, levando à prisão, tortura, e à morte de vários de seus militantes. Foi o caso de Luiz Eduardo da Rocha Merlino, cuja morte sob tortura em 1971 tornou-se um símbolo da brutalidade da repressão. As histórias desses militantes, assim como as de muitos outros que sofreram nas mãos do regime, sublinham a determinação e a coragem daqueles que se opuseram à ditadura, muitas vezes pagando com suas vidas.

- Helio Zanir Sanchotene Trindade (28/12/1970)
- Luiz Eduardo da Rocha Merlino (18/10/1948-19/7/1971)
- Ary Abreu Lima da Rosa (1949-11/1970)

Mortos no Chile
- Nelson de Souza Kohl (25/1/1940-15/9/1973)
- Luiz Carlos de Almeida (? 14/9/1973)

Desaparecidos na Argentina
- Maria Regina Marcondes Pinto (17/7/1946 10/4/1976)
- Jorge Alberto Basso (1951 15 /4/1976)

Democracia e socialismo
O legado da Polop-POC reside não apenas na sua contribuição direta à luta contra a ditadura, mas também na riqueza de suas formulações políticas, de seu debate político e na diversidade de suas ações. A organização evidenciou a importância do engajamento intelectual e prático na construção de alternativas ao autoritarismo, marcando profundamente a história do movimento revolucionário no país com o Programa Socialista para o Brasil.

A memória dos militantes da Polop-POC, assim como as lições aprendidas com suas experiências, permanecem vivas como fonte de inspiração para as novas gerações. Elas reafirmam a necessidade da organização independente dos trabalhadores, da defesa radical da democracia em todas as áreas da sociedade e da luta pelo socialismo em nível nacional e internacional.

Morte sob tortura
Luiz Eduardo da Rocha Merlino, jornalista de 23 anos, teve sua vida abruptamente interrompida sob circunstâncias trágicas. Na noite de 15 de julho de 1971, agentes de segurança invadiram sua casa, em Santos, alegando que precisavam levá-lo sob custódia. Luiz Eduardo, que na época estava adoentado, não reagiu e foi conduzido pelos agentes, prometendo à sua família que logo retornaria. Contudo, essa despedida marcaria a última vez que sua mãe e irmã o veriam com vida.

Cinco dias depois, a mãe de Luiz, dona Iracema, foi informada por um delegado que seu filho havia morrido. A versão oficial era que ele teria cometido suicídio ao se jogar na frente de um carro enquanto era transferido para Porto Alegre. Essa explicação, entretanto, não convenceu a família, que decidiu investigar por conta própria. A busca pelo corpo no IML revelou que as autoridades haviam tentado ocultar a presença do cadáver de Luiz Eduardo, que foi finalmente localizado e reconhecido por familiares, contrariando as afirmações iniciais das autoridades.

As circunstâncias em torno da morte de Luiz Eduardo sugerem um quadro sinistro de tortura. Relatos de um colega de cela, Guido Rocha, e outros detentos políticos, descrevem o estado degradante no qual Luiz Eduardo foi mantido, evidenciando os abusos físicos e psicológicos sofridos durante a detenção. Apesar de ser alegado que Luiz Eduardo havia morrido de "problemas de coração", evidências e testemunhos apontavam claramente para tortura como causa de sua morte.

Por trás das chamas

A luta por justiça e pela verdade sobre o que aconteceu com Luiz Eduardo não se encerrou com seu enterro. Sua mãe, sua irmã e sua companheira, Angela Maria Mendes de Almeida, não cessaram de buscar esclarecimentos e responsabilização pelos atos cometidos contra Luiz. Este caso tornou-se emblemático da brutalidade enfrentada por muitos durante o regime militar no Brasil, ilustrando não apenas a violência do Estado contra seus cidadãos, mas também a determinação de familiares e amigos em honrar a memória e o legado daqueles que foram injustamente perseguidos e assassinados.

A narrativa oficial de suicídio por atropelamento foi amplamente questionada e desacreditada, culminando na inclusão de Luiz Eduardo da Rocha Merlino entre as vítimas reconhecidas da repressão militar, após uma decisão unânime da Comissão Especial de Mortos e Desaparecidos Políticos em abril de 1996. A história de Luiz Eduardo é uma lembrança perene das atrocidades cometidas durante um dos períodos mais sombrios da história brasileira, bem como um testemunho do incansável esforço de muitos para assegurar que tais verdades não sejam esquecidas.

Guerrilha do Araguaia: PCdoB
epopeia sem fim

Entre 1972 e o final de 1974, o PC do B comandou a Guerrilha do Araguaia, que foi alvo de três grandes operações militares pelas Forças Armadas. A maior epopeia das esquerdas contra a ditadura realizada na área rural brasileira.

Nos primeiros dois confrontos, os grupos de guerrilheiros, designados como Destacamentos A, B e C, lograram resistir ao embate contra as forças de repressão, preservando a continuidade do movimento. Contudo, na terceira investida, após serem consolidados em uma única força pela Comissão Militar, os guerrilheiros encontraram-se totalmente cercados, culminando em sua derrota total. Em uma tentativa de eliminar qualquer evidência da insurgência, o regime ditatorial, no início de 1975, empreendeu uma operação de "limpeza da área".

O início dos confrontos remonta ao primeiro semestre de 1972, sob iniciativa das Forças Armadas, à revelia do PCdoB, devido à delação de antigos militantes que haviam sido capturados após tentarem retornar do campo à cidade.

As Forças Armadas lançaram ataques surpresa contra os Destacamentos A e C, encontrando os guerrilheiros despreparados tanto na mobilização política da população local quanto na obtenção de condições militares cruciais para a resistência.

Ao todo, 69 militantes foram enviados à região, com a adesão de alguns camponeses ao longo dos combates. A contagem final de guerrilheiros varia entre 76 e 89, incluindo sobreviventes. Ainda hoje, o número exato de baixas entre os guerrilheiros permanece incerto, com estimativas variando conforme diferentes fontes.

A quantificação precisa das perdas entre os militares envolvidos nos confrontos é igualmente nebulosa, dada a política de sigilo absoluto mantida pelas Forças Armadas. Contudo, relatos e depoimentos, incluindo uma matéria de *Veja* de 1978, apontam para significativas baixas militares, evidenciando a intensidade dos embates.

A relação dos desaparecidos políticos, conforme a Lei 9.140/95, inclui 58 guerrilheiros do Araguaia. Apesar dos esforços da Comissão Especial em localizar e recuperar os restos mortais dos desaparecidos, o apoio governamental a essas iniciativas tem sido escasso, deixando questões essenciais sem resposta para muitas famílias.

Os primeiros passos da guerrilha foram dados ainda em 1967, com a chegada dos primeiros militantes do PCdoB à região, estabelecendo as bases para o que viria a ser um dos mais significativos movimentos de resistência contra a ditadura militar no Brasil.

Esse grupo inicial, composto por figuras como Osvaldo Orlando da Costa e João Carlos Haas Sobrinho, foi posteriormente reforçado pela chegada de outros militantes, formando a espinha dorsal da guerrilha.

O primeiro confronto armado ocorreu em 12 de abril de 1972, marcando o início dos embates diretos entre guerrilheiros e Forças Armadas. Surpreendidos e mal preparados, os guerrilheiros foram forçados a recuar para as matas, dando início a uma luta desigual contra um contingente significativamente superior de forças militares.

Essa primeira ofensiva evidenciou a vulnerabilidade dos guerrilheiros diante da repressão armada do Estado.

Após uma retirada estratégica das Forças Armadas em junho de 1972, os militares retornaram em setembro com táticas e contingentes reforçados, visando não apenas combater os guerrilheiros, mas também ganhar o apoio da população local. Apesar disso, a estratégia militar ainda apresentava falhas, como o uso de recrutas despreparados e a identificação fácil dos soldados devido aos uniformes, o que em algumas ocasiões levou a incidentes de "fogo amigo".

A terceira e última campanha militar contra a guerrilha marcou uma mudança tática, com as Forças Armadas se retirando temporariamente para se reorganizar antes de lançar uma ofensiva final com o objetivo de erradicar completamente o movimento guerrilheiro. Durante esse período, a guerrilha tentou se reconectar com a população local e intensificar suas atividades políticas, apesar das dificuldades crescentes impostas pela repressão militar.

Durante o hiato das operações militares, a repressão conseguiu isolar eficazmente a guerrilha, cortando as comunicações entre a liderança do PCdoB nas áreas urbanas e os guerrilheiros no campo. Até o final de 1972, importantes membros da guerrilha foram capturados e mortos sob tortura. Aproveitando a ausência temporária das forças armadas, os guerrilheiros tentaram estreitar laços com a população local, embora a falta de preparação política anterior limitasse esses esforços.

O relatório de Ângelo Arroyo, dirigente da guerrilha, narra um confronto decisivo nesta fase, em 12 de outubro, que resultou na morte de importantes figuras da insurgência. Esse episódio destaca tanto a vulnerabilidade dos guerrilheiros frente ao poderio militar quanto a brutalidade dos confrontos, com militantes sendo capturados, torturados e mortos, evidenciando a intensidade da repressão.

A decisão da Comissão Militar da guerrilha de consolidar e unificar os três destacamentos sob seu comando culminou em uma tragédia para o movimento. A tentativa de deslocamento dos guerrilheiros deixou rastros que foram prontamente seguidos pelas forças armadas, levando a um cerco devastador em dezembro. Esse episódio marcou o início do fim para a Guerrilha do Araguaia, com muitos guerrilheiros sendo mortos ou capturados nas proximidades de um acampamento estratégico.

O relatório detalha a violência desse confronto, em que guerrilheiros e membros da Comissão Militar, já debilitados por doenças e pela intensa perseguição, enfrentaram um poderoso ataque das forças armadas. A desigualdade das forças em campo foi evidente, com a guerrilha incapaz de resistir à ofensiva militar, que utilizou helicópteros e força aérea para bombardear o acampamento.

Nos meses seguintes, a resistência da guerrilha enfraqueceu significativamente. O isolamento imposto pela repressão e as sucessivas perdas desmobilizaram o movimento, que não conseguiu se reorganizar ou lançar novas ofensivas. Esse período marcou o declínio irremediável da guerrilha, com os poucos remanescentes sendo progressivamente eliminados ou forçados à rendição.

A operação de limpeza lançada pelas forças armadas após a derrota da guerrilha visava não apenas a eliminar os últimos focos de resistência, mas também a apagar quaisquer vestígios do conflito. Testemunhos de militares envolvidos revelam a extensão dos esforços para ocultar as evidências da repressão, incluindo a exumação e destruição dos corpos dos guerrilheiros mortos. Essa operação macabra reflete o temor da ditadura de que a memória da guerrilha sobrevivesse como símbolo de resistência.

Esse capítulo sombrio da história brasileira, marcado pela violência e pela brutalidade da repressão estatal contra a Guerrilha do Araguaia, revela não apenas a determinação dos guerrilheiros em lutar contra a ditadura, mas também as terríveis consequências de seu enfrentamento com um regime disposto a tudo para manter seu poder. A busca pelos desaparecidos e a luta pela verdade e justiça continuam sendo questões pendentes, refletindo as cicatrizes ainda abertas desse período de repressão e violência política no Brasil.

Mortos e desaparecidos
■ Lourival de Moura Paulino (Paulino); Bergson e Kleber; Maria Lúcia Petit da Silva; Idalísio Soares Aranha Filho.

Dos guerrilheiros mortos durante a segunda campanha, a maioria caiu sem combate direto:

■ Miguel Pereira dos Santos; José Toledo de Oliveira (que estava com Miguel quando ele morreu); Francisco Manoel Chaves; Antônio Carlos Monteiro Teixeira.

Tudo isso ocorreu entre os dias 20 e 21 de setembro de 1972.

Segundo o Relatório Arroyo, o primeiro enfrentamento ocorrido nessa fase aconteceu no dia 12 de outubro e resultou na morte de três combatentes:

■ André Grabois; Antonio Alfredo Campos; João Alberto Calletroni; Divino Ferreira de Souza

Na hora do tiroteio, 15 guerrilheiros estavam no acampamento, inclusive a Comissão Militar:

■ Maurício Grabois, Paulo Mendes Rodrigues, Gilberto Olímpio Maria, Libero Giancarlo Castiglia, Luiza Augusta Garlippe, Dinalva Oliveira Teixeira (com febre), Guilherme Gomes Lund (com febre), na parte alta; embaixo: José Humberto Bronca, Elmo Corrêa, Daniel Ribeiro Callado e Antonio Teodoro de Castro (estavam ralando coco babaçu para comer).Telma Regina Cordeiro Corrêa e Custódio Saraiva Neto faziam guarda. Osvaldo Orlando da Costa e Batista realizavam a camuflagem (ARROYO, Ângelo. *Relatório sobre a luta no Araguaia*, op. cit., p. 28). Nas proximidades, havia outros guerrilheiros que escaparam do ataque inimigo.

O último ano

As informações contidas no Relatório Arroyo sobre as circunstâncias nas quais foram mortos e presos os guerrilheiros esgotam-se em janeiro de 1974. Nessa época, Ângelo Arroyo, conhecido pelo nome de guerra de Joaquim, conseguiu furar o cerco, atravessando as fronteiras dos estados do Pará e Goiás. Quase três anos depois, em dezembro de 1976, seria morto na Chacina da Lapa, que atingiu o Comitê Central do partido..

A luta prosseguiu durante o ano de 1974, embora restassem poucos guerrilheiros. Em janeiro, vários foram mortos.

■ Maria Célia Corrêa (Rosa); Telma Regina Cordeiro Corrêa (Lia); Lúcio Petit da Silva (Beto); Antonio Ferreira Pinto (Antonio Alfaiate); Antonio de Pádua Costa (Piauí e Lino); Vandick Reidner Pereira Coqueiro (João do 'B'); Nelson Lima Piauhy Dourado (Nelito e Alexandre); Pedro Carretel (Carretel); Jana Moroni Barroso (Cristina); Tobias Pereira Júnior (Josias); Luiz Renê Silveira e Silva (Duda); Hélio Luiz Navarro de Magalhães (Edi-

Por trás das chamas

nho); Dermeval da Silva Pereira (João e João Araguaia); Osvaldo Orlando da Costa (Osvaldão, Mineirão); Dinaelza Soares Santana Coqueiro (Mariadina e Diná); Uirassu de Assis Batista (Valdir); Luiz Vieira de Almeida (Luizinho); Áurea Eliza Pereira Valadão (Eliza e Áurea); Pedro Alexandrino de Oliveira (Peri); José Maurílio Patrício (Mané e Manoel do 'B').

A epopeia da Guerrilha do Araguaia é uma chaga que continua aberta na memória e na história da ditadura no Brasil.

Chacina da Lapa:
Comitê Central do PCdoB

Jover Telles foi militante da área sindical do Partido Comunista do Brasil (PCdoB). Escreveu "O Movimento Sindical no Brasil" (1962) sobre a história da classe operária e, no ano de 1976, integrou a dissidência que originou o PCdoB. Naquele mesmo ano, foi preso no Rio de Janeiro. Nada se sabe dessa prisão, nem onde ele ficou. O que se sabe, dado o segredo estabelecido, é que lá, Telles mudou de lado. Foi cooptado pelos militares e se tornou, dali para frente, um infiltrado da ditadura na direção do PCdoB.

Em sua traição, ele informou sobre uma reunião da direção do PCdoB, entre os dias 13 e 16 de dezembro de 1976, no número 767 da rua Pio XI, no bairro da Lapa, em São Paulo, com a presença de João Amazonas, Secretário-Geral do partido entre 1968 e 1972, para discutir o relatório de Ângelo Arroyo, sobrevivente da Guerrilha do Araguaia, sobre o que havia acontecido na região, onde morreram e desapareceram 61 guerrilheiros.

Com essa informação em mãos, o comando do II Exército montou uma megaoperação para eliminar a direção do PCdoB. O objetivo era repetir a Operação Radar, que levou à morte e ao desaparecimento de lideranças do Partido Comunista Brasileiro (PCB), quando onze dirigentes foram assassinados, 700 militantes e dirigentes regionais foram presos e alguns deles mortos para impedir que crescessem politicamente com a "abertura democrática, lenta, gradual e segura".

Organizada pelo Exército, a operação tinha coordenação do CISA (Aeronáutica), Ceminar (Marinha), Polícia Federal (PF) e DOPS – delegado Fleury com a participação do ex-coronel Brilhante Ustra, Ênio Pimentel e Freddie Perdigão (ambos do DOI-CODI-RJ), todos especialistas em torturas e assassinatos.

Anos depois, em 1992/93, o ex-sargento Marival Chaves do Canto, então analista de informação do DOI-CODI-SP, detalhou em entrevista o planejamento de toda a operação. Jover Telles não sabia que João Amazonas estaria viajando, logo, o principal dirigente não estaria na casa da Lapa.

No imóvel, moravam Elza Monnerat, dirigente sobrevivente da Guerrilha do Araguaia, e Ângelo Arroyo, diretor do PCdoB, os comandantes militares da guerrilha vencida em 1974; e os militantes Joaquim Celso de Lima que atuava como motorista e Maria Trindade, como caseira.

Elza Monnerat e Joaquim Celso buscavam os dirigentes e os levavam, dois a dois, de olhos vendados até casa da Lapa. No final da reunião, ocorrida em 15 de dezembro, eles conduziam José Novaes e Jover Telles e quando o carro se afastou, a polícia chegou e os prendeu. Para não despertar suspeitas sobre a traição, somente após deixá-los, eles foram presos. Foram barbaramente torturados.

Wladimir Pomar foi preso e levado ao DOI-CODI na rua Tutóia, em São Paulo. Para o mesmo destino, foram levados Aldo Arantes, pego na estação do metrô Paraíso, e Haroldo Lima, preso na casa onde os dois moravam. João Batista Franco Drummond foi arrastado ao DOI-CODI e não resistiu às torturas.

Estavam na casa: Ângelo Arroyo, Pedro Pomar e Maria Trindade. Ela relatou que a invasão foi uma operação militar com armas pesadas, metralhadoras. Ângelo saia do banheiro e foi levantado do chão pelos tiros. Pedro Pomar, com 61 anos, também foi metralhado. Eles estavam desarmados.

Entre os invasores, confundido com os policiais, entrou no local o repórter Nelson Veiga, da Band. Ele também afirmou que Arroyo e Pomar estavam desarmados e que as armas foram plantadas. "A odiosa versão do oficial relata um intenso tiroteio."

Responsabilidade do Estado

Em 29 de janeiro de 1996, a Comissão Especial sobre Mortos e Desaparecidos Políticos (CEMDP), com relatoria do deputado Nilmário de Miranda, e votos do general Osvaldo Gomes, Eunice Paiva e Miguel Reale, aprovou, por 4 x 3, o reconhecimento da responsabilidade do Estado na morte de Ângelo Arroyo. Em abril daquele ano, a CEMDP aprovava os casos de Pedro Pomar (por 5 x 2) e o de João Batista Drummond por 7x 0.

João Batista tinha 34 anos ao ser preso e morto no DOI-CODI-SP. Era casado com Ester Cristelli e tinha duas filhas, Rosa Maria e Silvia. Após seu assassinato, elas se mudaram para a França. Em 2013, João Batista foi homenageado pela faculdade de Ciências Econômicas da Universidade Federal de Minas Gerais (UFMG), onde se formou em 1966 e se tornou presidente do Diretório Acadêmico que leva o seu nome.

Foi um dos altos dirigentes da Ação Popular (AP) e, em 1972, começou a militar no PCdoB, tornando-se membro do Comitê Central em 1974.

Apesar da Marinha, em nota oficial, afirmar que João Batista morreu em confronto com a polícia, o documento do IMLSP deu como causa da morte "atropelamento na 9 de Julho". Em 1993, a Justiça Federal deu ganho de causa ao processo ajuizado pela família, afirmando que ele morreu no DOI-CODI--SP, na madrugada de 16 de dezembro de 1976.

O paraense Pedro Pomar foi assassinado em 16 de dezembro de 1976 na chacina da Lapa. Preso pela primeira vez em 1936, Pomar se tornou militante do PCB no ano seguinte. Preso novamente em 1939, por conta da militância comunista, com a ajuda dos militares Mauricio Grabois e Amarílio de Vasconcelos, conseguiu fugir da prisão em 1941 rumo ao Rio de Janeiro, então capital da República, e depois para São Paulo.

Entre 1945 e 1947, período que esteve legalizado, o PCB chegou a ter 200 mil militantes. Com o partido novamente banido, Pomar foi deputado federal pelo Partido Social Progressista (PSP), entre 1947 e 1950. Em 1962, participou da criação e organização do PCdoB e foi membro de seu Comitê Central. Teve quatro filhos com dona Catharina Patrocínia Torres. Viveu no Rio Grande do Sul, em São Paulo e Rio de Janeiro.

Militante do PCB desde 1945, Ângelo Arroyo foi assassinado na Chacina da Lapa aos 48 anos. Foi sindicalista metalúrgico em São Paulo. Em 1949, na campanha pelo "Petróleo é nosso" foi preso com João Saldanha e torturado no DOPS – SP. Em 1962, entrou no PCdoB e foi um dos comandantes da Guerrilha do Araguaia, saindo da região em janeiro de 1974.

PCdoB, a volta por cima

Depois da Chacina da Lapa, o PCdoB deu a volta por cima. Aldo Arantes, Haroldo Lima, Wladimir Pomar e Elza Monnerat saíram da prisão em 1979, com a anistia. A partir de 1977, o partido cresceu muito no movimento estudantil, no movimento sindical e nos movimentos de bairro. Seus militantes elegeram vereadores, deputados estaduais e federais pelo MDB (e a partir de 1979, PMDB).

Em 1985, com o fim do regime militar, o PCdoB foi legalizado. Aldo Arantes e Haroldo Lima foram deputados federais nos anos 90. Bastante respeitado, Wladimir Pomar foi o coordenador de campanha do PT em 1989, quando Lula foi para o segundo turno, disputado com Collor de Melo. Foi muito relevante na luta pelo fim da ditadura e para a democratização do país.

Geração de profetas
igreja entre a ditadura e os pobres

O *aggiornamento* da Igreja Católica aberto sob o pontificado de João XXIII, com o Concílio Vaticano II (1962-1965) desembarcou no Brasil quando já vigorava o golpe de estado de 1.º de abril de 1964, francamente apoiado por setores majoritários de um episcopado historicamente conservador.

"Na grande divisão ocorrida no país em março de 1964, a maior parte da hierarquia da Igreja pendera para o levante. Dera-lhe a base popular da Marcha da Família. Dom João Resende Costa, arcebispo de Belo Horizonte, abençoara sob sigilo a rebelião do governador Magalhães Pinto. D. Jaime Câmara, cardeal do Rio de Janeiro, fora ao ar no dia 31 de março atribuindo à Virgem Maria, ao venerável Anchieta e aos "quarenta mártires" do Brasil a religiosidade e o patriotismo com que se organizava a Marcha da Vitória". (*A ditadura escancarada*, Gaspari, 2002).

Assombrada pela ameaça do que os meios de comunicação alinhados com a União Democrática Nacional (UDN) apregoavam como a iminente "instalação de uma república sindicalista" no Brasil e seduzida pelas bandeiras do anticomunismo patrocinadas pelos EUA em defesa da civilização cristã e ocidental e de suas empresas, igualmente cristãs e ocidentais, a hierarquia católica, embalada pelo repertório, emprestou todo o peso do seu prestígio social em favor do golpe de 1.º de abril.

"Vitorioso o levante, o cardeal Jaime Câmara, peregrinara ao Santuário de Aparecida, onde agradeceu à santa a salvação do país. D. Jaime foi um dos primeiros defensores do expurgo dos derrotados. No dia 3 de abril, antes mesmo da edição do Ato Institucional, ele dizia que, "sem a punição dos culpados, arriscamos perder a batalha final, que é a salvação da pátria". (Gaspari, 2002).

Doze anos antes, em 1952, fora fundada a Conferência Nacional dos Bispos do Brasil – CNBB. Teve como secretário-executivo um dos seus fundadores, um homem que marcaria definitivamente a história da Igreja Católica no Brasil: D. Hélder Câmara, então bispo auxiliar do Rio de Janeiro. Entre 1954 e 1964, D. Hélder recebeu o apreciável apoio do Núncio Apostólico, Monsenhor Armando Lombardi. Nessa década foram nomeados mais de cem bispos e a influência de D. Hélder – uma figura franzina e luminosa que se deslocara do apoio ao fascismo nos anos trinta para um nacionalismo progressista nos anos seguintes e, por fim, para posições à esquerda inspiradas na "Doutrina Social da Igreja", para o resto da vida – foi relevante na escolha de cada um deles. Esse fato teria repercussões significativas nos anos seguintes, particularmente no período em que o regime civil-militar se consolidou no país (1968), nos rumos da relação entre a CNBB e os novos governantes.

A adesão ao golpe e suas contradições

Num primeiro momento, como vimos, a atitude do episcopado foi de adesão ao regime dos generais, pela voz dos cardeais e pelos gestos da Santa Sé. Paulo VI nomeou o arcebispo de Ribeirão Preto, D. Agnello Rossi para a Arquidiocese de S. Paulo:

"Filho de um funileiro italiano, sacerdote de hábitos gentis e reputação de excelente administrador, Agnello Rossi recebeu com o pálio da sé paulista a oferta da liderança de um reordenamento conservador. Aos 51 anos, saído de um bispado sem expressão política, chefiava a maior arquidiocese do país e presidia uma CNBB sem D. Hélder na secretaria geral". (Gaspari, 2002)

D. Hélder foi transferido para a arquidiocese de Olinda e Recife, onde imaginavam, criaria menos problemas para a opção conservadora liderada por Agnello Rossi e D. José Gonçalves da Costa, bispo auxiliar do Rio de Janeiro. Uma composição claramente sintonizada com o novo regime.

A harmonia entre a cúpula conservadora e os fardados, porém, não ia além da superfície. Nas bases da Igreja Católica começava a ferver um caldo que derivava do período anterior de avanços significativos nas lutas por direitos dos assalariados dos campos e das cidades, bloqueados agora pela repressão do regime castrense. Fatos percebidos de perto pelos vigários das paróquias nas periferias das grandes cidades de um país desigual e, não raro protagonizados por eles e por militantes leigos, padres, freiras assistentes de movimentos como a Ação Católica.

Tais movimentos vinham do final dos anos quarenta, revigorados naquele momento, primeira metade dos anos 60, pelos movimentos juvenis JEC, JUC, JOC, ACO que se tornaram em poucos meses alvos do aparato repressivo da ditadura.

Os ventos modernizadores que sopravam do Concílio Vaticano II e posteriormente da II Conferência do Episcopado Latino-Americano de Medelín, Colômbia (1968) e III Conferência Puebla, México (1979) batiam de frente contra a construção imperialista desenhada pelo Departamento de Estado, no marco da guerra fria, para o subcontinente sulamericano, por meio de golpes sucessivos, como resposta à ousadia da revolução cubana.

1.º de janeiro de 1959, triunfo da revolução cubana; 17 de abril de 1961 invasão de Playa Jirón (Bahia dos Porcos) por tropas treinadas pelos EUA, derrotadas pela revolução liderada por Fidel Castro; 1963 militares derrubam o presidente eleito Juan Bosch e se abre um período de instabilidade política, em 28 de abril de 1965, 22 mil fuzileiros navais dos EUA invadem a República Dominicana para impedir o retorno de Bosch; 1.º de abril de 1964, uma vasta conspiração civil-militar desencadeia um golpe de estado no Brasil e derruba o presidente eleito João Goulart; em 28 de julho de 1966 um golpe de estado liderado pelo general Juan Carlos Onganía depôs o presidente eleito Arturo Illía na Argentina; em 3 de novembro de 1964 um golpe de estado liderado por René Barrientos e pelo chefe do exército, general Ovando Candia derruba o presidente eleito para o terceiro mandato Victor Paz Estensoro, na Bolívia; não houve necessidade de golpe no Paraguai, lá reinava e reinaria até à morte o general Alfredo Stroessner, fiel aliado dos EUA e protetor de fugitivos nazistas refugiados desde o fim da 2.ª guerra; em 27 de junho de 1973, o Uruguai, um país com reconhecida tradição democrática desde o início do século XX (1903) com restrições no período autoritário (1933-1942), ouviu do presidente Juan Maria Bordaberry o anúncio da dissolução do parlamento com o apoio das Forças Armadas e a instituição de um Conselho de Estado com funções legislativas, constituintes e de controle administrativo; 11 de setembro de 1973, Santiago desperta sob o bombardeio do Palácio de la Moneda que interrompe o mandato legítimo do socialista Salvador Allende, afoga em sangue a experiência da Unidade Popular no Chile e estabelece a ditadura militar selvagem liderada pelo general Augusto Pinochet. Seria imposto a partir dali o primeiro teste do modelo neoliberal de saque das riquezas naturais e exploração dos trabalhadores que os estrategistas do Império elaboraram para suas neocolônias no subcontinente; 24 de março de 1976, depois de um período de turbulência social e política que se seguiu ao retorno ao governo e à morte de Juan Domingo Perón, um golpe de estado levaria ao poder o general Jorge Rafael Videla e mergulharia a Argentina no maior e mais duradouro pesadelo de sua história: uma ditadura sustentada a ferro e fogo, torturas, assassinatos, desaparecimentos forçados, que deixou um saldo de 30 mil mortos e desaparecidos. (*Enciclopédia contemporânea da América Latina e do Caribe*, Coordenadores Emir Sader e Ivana Jenkins, 2006).

Medelín: uma Igreja dilacerada

A Conferência de Medelín, inicialmente pensada para adaptar a Igreja do continente às orientações do Concílio, foi muito além. Dois dos dezessete documentos aprovados, o "Documento sobre a Justiça" e o "Documento sobre a paz" abrem uma nova reflexão teológica, conferindo um lugar central ao "pobre", de onde deriva a "opção preferencial pelos pobres" e a expressão utilizada a partir de então para denunciar profeticamente o capitalismo real como: "o pecado estrutural". Aqui reside a primeira manifestação teórica do que se chamará, três anos mais tarde, Teologia da Libertação e haveria de se disseminar pela base da sociedade, e alcançar a legião dos excluídos identificada com os princípios da igreja católica, herdados desde a catequese colonial.

Essa formulação teológica elaborada a partir dos escritos do peruano Gustavo Gutierrez, enriquecida pela reflexão filosófica e teológica de pensadores de diferentes países do continente – no Brasil especialmente o pioneiro belga Joseph Comblin, analista das relações entre as políticas do Departamento de Estado e a ação da Igreja na América Latina, João Batista Libânio, fr. Leonardo Boff, entre outros –, inspiraria desde o impulso guerrilheiro do Pe. Camilo Torres, morto na selva colombiana (1966), até a posterior e fecunda experiência de participação popular das Comunidades Eclesiais de Base (CEBs) e dos "Grupos de Evangelho" no Brasil (anos 80), que se tornariam um fator relevante de educação política das populações excluídas na periferia das grandes cidades, em movimentos comunitários pelo direito à moradia, escolas, postos de saúde, transporte e outras demandas do seu quotidiano.

Por trás das chamas

Quatro anos depois do golpe de 1.º de abril, um outro Brasil viveria um ano de intensa agitação. Até ali puxada sobretudo pelo movimento estudantil que cobrava soluções para as consequências nefastas da aplicação dos Acordos MEC-USAID. Esses acordos firmados pela ditadura haviam modificado a cara da universidade, adequando-a aos propósitos de um projeto de desenvolvimento subordinado e da política de alinhamento automático do Brasil à estratégia norte-americana frente à guerra fria. O movimento estudantil era o senhor das ruas enfrentando a cavalaria com mobilizações cada vez mais amplas e frequentes.

28 de março de 1968. O estudante Edson Luís de Lima Souto foi assassinado por policiais militares durante um confronto no Restaurante Calabouço, centro do Rio de Janeiro. Edson Luís era secundarista e tinha 18 anos. As organizações estudantis chamaram a sociedade com uma palavra de ordem muito simples: "poderia ser seu filho!" Tocou a sensibilidade das classes médias. Vinte mil pessoas acorreram para o sepultamento do estudante, incluídos aí, frades católicos devidamente paramentados para deixar claro o repúdio à repressão do regime e a solidariedade ao movimento estudantil. Proliferaram repercussões em todo o país. Uma sequência de manifestações – todas violentamente reprimidas pela polícia militar – culminaria com a "Passeata dos Cem Mil" no centro do Rio de Janeiro, no dia 26 de junho. A maior manifestação de massas contra o regime desde o golpe de 1.º de abril de 1964.

Não escapou ao regime um fato novo. A emergência do movimento operário silenciado pelas intervenções e pela repressão brutal aos sindicatos, ao CGT (Comando Geral dos Trabalhadores) e contra as Ligas Camponesas com perseguições, prisões e assassinatos, ao longo de quatro anos. As greves de Contagem e Osasco acenderam o sinal de alarme para a ditadura.

Contagem, MG, 16 de abril de 1968. Os operários da Belgo-Mineira despertaram cedo. Não foram para as empresas para trabalhar, foram para interromper o ritmo forçado das máquinas e paralisar as fábricas. Durante dez dias, liderados pelo eletricista Ênio Seabra, silenciaram o principal parque industrial de Minas, contra o arrocho salarial. Arrancaram um abono de 10%, assinado por Costa e Silva, o general de turno, no 1.º de Maio.

Osasco, SP, 16 de julho. A paralização liderada por José Ibrahim, um jovem operário de apenas 20 anos, durou três dias e alcançou 6 das 11 fábricas da região, particularmente, a empresa Cobrasma que foi ocupada pelos trabalhadores. O movimento foi brutalmente reprimido. 400 operários foram presos pelo Exército. Era ministro do trabalho o coronel Jarbas Passarinho, que comandou pessoalmente a repressão.

O AI-5: a noite dentro da noite

A resposta institucional do regime veio no 13 de dezembro. Sob pretexto de responder a um pronunciamento do deputado Márcio Moreira Alves (MDB-RJ) em que o parlamentar conclamava as mães a não permitirem que seus filhos participassem dos desfiles escolares em comemoração ao 7 de Setembro, ao lado dos militares, o Alto Comando encontrou a fórmula para deter o crescente descontentamento da sociedade: um novo ato de força.

O general Costa e Silva, exprimindo o pensamento da "linha dura" do regime, decretou o Ato Institucional n.º 5. Tratou-se, como se definiu na época, de "um golpe dentro do golpe", uma aberração jurídica composta por apenas 12 artigos.

Abre o texto anunciando: "São mantidas a Constituição de 24 de janeiro de 1967 e as Constituições Estaduais (...)" (art. 1.º), para na linha seguinte deixar claro que: "O Presidente da República poderá decretar o recesso do Congresso Nacional, das Assembleias Legislativas e Câmaras de Vereadores, por Ato Complementar, em Estado de Sítio ou fora dele, só voltando a funcionar quando convocados pelo Presidente da República". (art. 2.º)

Essa monstruosidade jurídica não se esgotou em si mesma. Além do impacto imediato destinado a responder a uma situação momentânea de isolamento social e político da ditadura, no final daquele ano turbulento, pavimentou o caminho para toda a sorte de arbitrariedades.

Ampliou o fôlego dos porões onde operavam os açougueiros do regime: a escória que reunia delegados de polícia curtidos na longa convivência com a contravenção e com o crime – os grupos de extermínio, os esquadrões da morte – nos distritos dos subúrbios e a nova tecnocracia preparada pelos serviços de informações das três armas (CIEx, CENIMAR, CISA) e do SNI, recém-criado pelo general Golbery, e treinados por professores norte-americanos e franceses remanescentes da guerra colonial contra a Argélia (*A tortura como arma de guerra*, Leneide Duarte-Plon, 2016) em escolas especializadas em técnicas de interrogatórios sob tortura de presos políticos. Dentro e fora do país.

"A tortura não era novidade ou exclusividade do Brasil pós1964. Ela já fora bastante documentada ao longo da história das civilizações, inclusive algumas presumivelmente avançadas. Os britânicos a empregaram no Quênia, e os franceses a utilizaram na Argélia, por exemplo. O governo dos Estados Unidos, sem fazer alarde, treinou e equipou pesadamente a polícia e o Exército brasileiros para combater as ameaças à segurança interna. Também fez pouco ou nada para deter a tortura e os esquadrões da morte; na verdade, funcionários dos

Estados Unidos colaboraram com as forças repressoras e forneceram material como os geradores usados por torturadores brasileiros para aplicar choques elétricos em suas vítimas". (*Diálogos na Sombra*, Kenneth Serbin, 2001)

O AI-5 legalizou assassinatos e desaparecimentos forçados, radicalizou a censura à imprensa e às atividades culturais, institucionalizou com a constituição dos DOI-CODI a tortura como método ordinário de tratamento dos opositores e disseminou essa praga como política de Estado pelo país. Durou 10 anos. Deixou, contudo, a exemplo do que ocorreu com a escravidão dos negros, uma marca indelével nas instituições do estado e na sociedade brasileira.

A prática da tortura, por indefensável, era repudiada publicamente pelas instâncias superiores do Estado. "Esta é uma guerra em que se mata ou se morre. Mas prender alguém para depois submetê-lo à tortura é de tal modo covarde e ignóbil que não posso encontrar palavras adequadas para condenar prática tão sórdida". (Serbin, 2001). Essa frase não saiu da boca de um "padre de passeata", um vigário radical ou de um arcebispo adepto da Teologia da Libertação... Essas são palavras do general Medici, quando era Presidente da República. Como a hipótese de ingenuidade aplicada a essa declaração seria por demais remota e condescendente para alguém vindo da comunidade de informações... Médici chefiou o SNI de março de 1967 a março de 1969, resta considerá-la um monumento ao cinismo.

O número de prisões ganhou volume, vieram os primeiros registros de casos de morte sob tortura ou desaparecimentos forçados e assassinatos com o claro objetivo de semear o terror na sociedade. Estabeleceu-se um "estado de medo" permanente da base ao topo da pirâmide. Ninguém se sentia em segurança. Mesmo dentro da Igreja.

"No dia 27 de maio de 1969 havia um cadáver nas cercanias das residências da cidade universitária do Recife. Tinha uma corda passada no pescoço, feridas por todo o corpo, um tiro na cabeça e cortes de facão na garganta e na barriga. Era o padre Antônio Henrique Pereira Neto, de 28 anos, assistente da arquidiocese para Assuntos de Juventude, a quem o arcebispo estimava como a um filho. Ainda no necrotério D. Helder Câmara identificou genericamente os assassinos: "aqueles que julgam estar salvando a civilização cristã com a eliminação de sacerdotes e líderes estudantis" (Gaspari, 2002).

Estava dado o recado a D. Hélder, então a principal referência dos setores progressistas e a voz de maior audiência do episcopado brasileiro no país e no mundo. D. Hélder passou a ser tratado como um pária pelo regime que tentava silenciá-lo pelo medo e barrar sua campanha de denúncias contra as torturas e violações dos direitos humanos cometidas pela ditadura.

Ao longo daquele período, o regime lançou mão de inúmeros meios e métodos para atingir seus alvos, fossem pessoas ou instituições. Os mais comuns, como de costume nas táticas da direita, eram os ataques difamatórios de natureza moral, com o objetivo de destruir a reputação e a credibilidade dos atingidos. Sob pretextos vários, dez padres estrangeiros, alguns deles residentes no Brasil há muitos anos, foram expulsos do país. Vinte e nove bispos foram atingidos pelo aparato repressivo de uma ou de outra maneira. A casa de D. Hélder foi metralhada no Recife. D. Adriano Hypólito, bispo de Nova Iguaçu, foi sequestrado. A sede do IBRADES invadida, documentos expropriados e apreendidos pelo estado policial que se instalara com o AI-5. Nos dez anos de sua vigência (1968-1978) sete padres ou seminaristas foram assassinados.

Em novembro de 1969, alguns frades dominicanos do Convento de Perdizes, em São Paulo, foram presos e torturados por vínculos com a Ação Libertadora Nacional (ALN), organização armada de resistência ao regime, fundada e dirigida por Carlos Marighella. Dias depois, Marighella caiu numa emboscada e foi assassinado pela equipe do delegado Sérgio Paranhos Fleury, que detivera os frades. A emboscada ocorreu na Alameda Casa Branca, nos Jardins, no começo da noite de 4 de novembro.

A mídia conservadora alinhada aos propósitos oficiais desencadeou uma campanha contra os setores da Igreja que não se identificavam com a ditadura, tachando-os de "comunistas", "terroristas", "traidores do Evangelho".

Aquela posição nos primeiros anos do golpe, de adesão ao regime, cedeu lugar a uma posição mais crítica. Ainda em 1968, foi eleito Secretário-Geral da CNBB o gaúcho D. Aluísio Lorscheider, que marcaria fortemente sua presença nas tensas relações entre o episcopado e o regime, nos anos seguintes. Em 1970, o documento final da Assembleia Geral da CNBB denunciou torturas, embora num tom calculado para não elevar excessivamente a temperatura e preservar algum espaço de diálogo com os militares.

A virada: tortura nunca mais

O ponto de virada ocorrerá em outubro do mesmo ano, a partir do pronunciamento do Papa Paulo VI contra a tortura no mundo. Um dia depois o Vaticano anunciou o gesto que extraía consequências daquela homilia: num caso típico do que se chama nas relações institucionais "cair pra cima", o Papa promoveu D. Agnelo Rossi, Arcebispo de São Paulo claramente identificado com o regime militar brasileiro e substituiuo pelo franciscano

D. Paulo Evaristo Arns que se afirmaria dentro e fora da Igreja como a maior referência na defesa dos direitos humanos para a sociedade brasileira, naquele período.

Três meses depois de assumir a maior Arquidiocese do Continente (setembro de 1970), D. Paulo foi informado da prisão do Pe. Giulio Vicini e da assistente social Yara Spadini que atuavam numa paróquia da periferia de São Paulo. Imediatamente se deslocou para o Departamento de Ordem Política e Social – DOPS, para onde haviam sido conduzidos, visitou-os e pôde constatar pessoalmente marcas de tortura pelo corpo de ambos.

No domingo seguinte, o Arcebispo mandou publicar em todas as igrejas da Arquidiocese, uma homilia em que denunciava as torturas e responsabilizava claramente o aparato repressivo pela violência e denunciava o caráter ditatorial do regime. Deixou claro que os termos da relação entre a Igreja Católica e os militares mudara na qualidade e no método. Em vez da conversa de bastidores, a denúncia; em lugar da discrição, a publicidade.

Com ela, D. Paulo, que não se recusava ao diálogo, estava introduzindo um elemento novo – um elemento de força capaz de constranger – nas relações entre a Igreja e o Estado, como ocorria até então nos marcos da Comissão bipartite, idealizada pelo professor Cândido Mendes que reunia discretamente lideranças do episcopado, D. Eugênio Sales, D. Avellar Brandão Vilela, D. Fernando Gomes e alguns oficiais do Exército liderados pelo general Muricy para tratar dos temas sensíveis envolvendo as duas instituições.

O documento do episcopado do Estado de São Paulo, de 1972, "Testemunho de Paz" abriu um período em que as posições da Igreja adquiriram maior nitidez na oposição à violência do Estado, às arbitrariedades, à censura e aos desmandos do aparato repressivo:

> "(...) não é lícito utilizar no interrogatório de pessoas suspeitas, com o fim de obter confissões, revelações ou delação de outros, métodos de tortura física, psíquica ou moral, sobretudo quando levados até a mutilação, quebra da saúde e até a morte como tem acontecido. (...) Ouçam os responsáveis por essas ações: 'Eis que a voz do sangue do teu irmão clama por mim desde a terra' (Gen. 4,10)."

Dois fatos marcantes cristalizaram numa síntese trágica as relações entre a Igreja e a Ditadura, naquele período. Dois crimes hediondos. Dois assassinatos sob tortura. O estudante Alexandre Vannucchi Leme (1973) e o jornalista Vladimir Herzog (1975) espancados até à morte. Ambos ocorreram nas dependências do DOI-Codi do II Exército, sob o comando do major Carlos Alberto Brilhante Ustra. Ambos causaram profundo impacto na sociedade e na imagem da ditadura.

Dois fatos reveladores. Deles resultaram a exposição da face desmoralizada de um regime em decomposição que buscava inutilmente ocultar os crimes que cometia nos quartéis, nas delegacias de ordem política e social, por meio de notas oficiais inverossímeis publicadas por uma imprensa mantida sob censura e a estatura colossal de um homem que se ergueu como a mais elevada autoridade moral do país em defesa dos direitos humanos: o Cardeal D. Paulo Evaristo Arns.

E o verbo se fez classe

Na carta Pastoral "Uma Igreja da Amazônia em conflito com o latifúndio e a marginalização social", lançada em 10 de outubro de 1971, quando foi consagrado bispo da Prelazia de São Félix do Araguaia – MT, o catalão Pedro Casaldáliga estabeleceu um novo marco no discurso – e na prática quotidiana – que pautaria as relações entre a Igreja e o Estado ao acrescentar, a partir do título, um terceiro sujeito social e político: o latifúndio.

A prática pastoral de Pedro Casaldáliga confere à defesa difusa dos direitos humanos até ali adotada, aliás com coragem, pela CNBB diante dos desmandos do regime, um conteúdo político ainda mais conflitivo.

Ao assumir-se, com sua equipe, como "Uma Igreja da Amazônia em conflito com o latifúndio e a marginalização social", o bispo Pedro toma partido e expõe talvez o mais agudo desafio teológico para os pensadores, biblistas, religiosos ou leigos, divulgadores da Teologia da Libertação: exclui do rebanho – numa sociedade primitiva, oligárquica, dividida entre os que têm e os que não têm – os proprietários de terra, os latifundiários. Precisamente aqueles que a Igreja historicamente respaldara ao longo de quase cinco séculos, desde o desembarque dos colonizadores. "Houvesse a Igreja da época (da escravidão) marcado presença mais na senzala do que na casagrande, mais nos quilombos do que nas cortes, outros teriam sido os rumos da História do Brasil, desde os seus primórdios (...)"

A partir de que critério teológico a Prelazia excluía da comunhão os fazendeiros, os latifundiários? A Igreja não deveria acolher no seu espaço "católico", portanto universal, todos os seus fiéis? Todos os segmentos sociais?

Naquele contexto a Prelazia de S. Félix do Araguaia assume, em nome da fidelidade ao evangelho (Mateus, 57) radicalmente a defesa dos que nada têm: os peões, os posseiros e as comunidades indígenas. Imprime no conflito um caráter que estava ausente na pregação anterior da Igreja: o conteúdo de classe,

Por trás das chamas

"E o verbo se fez classe"

*No ventre de Maria
Deus se fez homem.
Mas, na oficina de José
Deus também se fez classe.*
(*Versos Adversos – Antologia*, Pedro Casaldáliga)

O bispo Pedro Casaldáliga recorreu amiúde à poesia para fazer chegar aos fiéis – e aos inimigos que não escolheu – uma poderosa mensagem mística, na tradição de S. João da Cruz, radicalmente evangélica e subversiva.

O vínculo com os despossuídos

Nesse período foram constituídos dois organismos que modificaram profundamente o perfil da ação social e política da Igreja: o Conselho Indigenista Missionário – CIMI (1972) e a Comissão Pastoral da Terra – CPT (1975).

Ambas nascem de uma situação de emergência provocada pela acelerada expansão do capital, financiado pela política de incentivos fiscais da ditadura voltada para grandes investimentos na Amazônia. Uma política que ameaçava gravemente as comunidades indígenas que povoavam tradicionalmente o sul da Amazônia e os pequenos agricultores, posseiros sertanejos, sucessivamente expulsos das terras em que trabalhavam para garantir o sustento de suas famílias.

O Conselho Indigenista Missionário (CIMI), órgão vinculado à CNBB, foi criado em 1972. Era Presidente da CNBB, D. Ivo Lorscheiter e, ironicamente, uma das assinaturas do documento de sua constituição é de D. Geraldo de Proença Sigaud, Arcebispo de Diamantina, proprietário de terras, um conservador na teologia e sempre entusiasmado defensor do regime.

Desempenharam um papel importante na fundação do CIMI os missionários jesuítas Thomaz de Aquino Lisboa, Antônio Iasi e Egydio Schwade (seu primeiro secretário) e o bispo dominicano D. Tomás Balduíno que seria sua referência pública mais conhecida.

Goiano de Posse, filho de uma família de onze irmãos, Paulo Balduíno de Souza Décio, fr. Tomás Balduíno OP, depois de cumprir as etapas do seminário menor em Juiz de Fora, e filosofia em São Paulo, completou uma sólida formação teológica em Saint Maximin, na França, no final dos anos 40. Ali bebeu da vertente teológica de seu homônimo e confrade Tomás de Aquino. Numa aproximação lúcida e reveladora de Tomás Balduíno, personalidade chave dos segmentos da igreja Católica que resistiram à ditadura, o teólogo alemão Paulo Suess, ex-secretário do CIMI, nos informa:

> "Na teologia agostiniana, que era hegemônica na Idade Média e na Conquista (das Américas), a natureza pagã era uma natureza destruída pelo pecado original, e, portanto, sem possibilidade de salvação a não ser pelo batismo. Na teologia dos dominicanos, explicitada por Las Casas no seu Tratado de 'Único modo', a natureza dos povos indígenas não foi destruída pelo pecado original. Há uma continuidade entre a ordem de criação e de salvação" (Paulo Suess, 2022).

Herdeiro dessa tradição,

> "Tomás Balduíno nunca explicitou esse fundo teológico de sua herança que mais tarde seria a base de sustentação antropológica e teológica do Conselho Indigenista Missionário (CIMI). Talvez por causa dos seus interlocutores, que eram índios, lavradores e movimentos sociais, ele se destacou mais por suas análises políticas que por suas reflexões teológicas. Mesmo nas Assembleias da CNBB, na época ainda realizadas em Itaici, quando pediu a palavra, se ouviu um *staccato* político-pastoral certeiro e não um *legato* de uma fuga bachiana. Noite adentro, quando seus colegas jogavam pôquer ou tomavam uma cervejinha, Tomás, em *off*, era um articulador incansável e estrategista hábil. Para ele, a teologia tinha que ser prática, política, serva da práxis pastoral. O Vaticano II (1962-1965) que se definiu como concílio pastoral, veio ao seu encontro". (Paulo Suess, idem).

D. Tomás sempre foi um homem de fronteira. De vocação missionária, no espírito e na prática quotidiana. Protagonizou ao lado de D. Fernando Gomes, Arcebispo de Goiânia, D. Moacyr Grecchi, Bispo do Acre-Purus e do Pe. Ivo Poletto a criação da CPT (1975), uma pastoral que se definia, ao nascer, como "um organismo de interligação das lutas autônomas dos trabalhadores do campo". A CPT, como o CIMI que a precedeu, podem ser definidos como expressões pastorais avançadas do Vaticano II e Medellín, com vocação ecumênica no campo teológico, em diálogo com as confissões evangélicas – luteranos, presbiterianos, metodistas, anglicanos – naquele momento trabalhando as demandas concretas da base da sociedade brasileira, e, no campo social e político, na reconstrução das organizações autônomas dos trabalhadores: sindicatos, associações, movimentos comunitários que haviam sido destruídas ou esvaziadas pela repressão do regime.

Por trás das chamas

"Comparando o nascimento da CPT (1975) ao nascimento do CIMI (1972), a gente pode dizer que ambos nasceram de uma situação de conflito: os índios, o massacre secular; os lavradores, também a marginalização. Mas acho que a situação dos lavradores naquele momento, era mais dramática, porque era uma situação de guerra: havia uma guerra montada contra eles. Aquela observação do José de Souza Martins é muito esclarecedora: que o golpe militar de 64 foi dado, não exclusivamente, mas em grande parte, para quebrar a espinha dorsal de qualquer organização do campo. Porque os militares achavam que o comunismo entraria no país por esse caminho". (*Diálogos com Dom Tomás Balduíno*, Ivo Poletto (org.), 2002)

Não eram infundados os temores da ditadura civil-militar com relação ao potencial dos movimentos dos trabalhadores do campo. Estavam enganados quanto ao alvo. Os movimentos camponeses, em geral, e no século XX em particular, resultaram em revoluções de libertação anticoloniais e não em revoluções socialistas. Mas no fundo, o que a ditadura realmente não tolerava era a volta da democracia. Ainda que fosse a democracia liberal.

É possível concluir que essas duas instituições da Igreja Católica ofereceram uma contribuição relevante para a reconstrução da democracia liberal codificada pela Constituição de 1988, ao apoiarem pela ação do CIMI, as Assembleias Indígenas, embriões das futuras entidades indígenas, a conquistar voz própria, na sua luta por afirmar-se como protagonistas dos seus interesses imediatos e históricos; e, por meio da ação da CPT, que desempenhou um indispensável papel no apoio às oposições sindicais na disputa com o sindicalismo oficial, na construção de novos sindicatos, federações de trabalhadores rurais e da CUT. E pode, por fim se definir sem fugir à verdade histórica: foi a parteira do mais importante movimento de trabalhadores do campo da história do Brasil: o Movimento dos Trabalhadores Rurais Sem Terra – MST.

O longo e regressivo papado de Wojtyla (1978-2005), seguido pelo pontificado de Ratzinger (2005-2013), marcou o declínio da influência da Teologia da Libertação. E abriu caminho para a mais bem-sucedida estratégia de dominação do Império, no que toca à batalha de valores no continente: a disseminação das confissões pentecostais e neopentecostais entre as classes populares na América Latina, mais eficiente do que a política de golpes de estado conduzida nas décadas de 1960/1970, afinal derrotada pela mobilização dos setores populares que restauraram a democracia na virada do século.

Esse foi o instrumento concebido para combater a Teologia da Libertação a partir do Relatório Rockefeller (1969) e dos documentos de Santa Fé

(1980-2000) com formulações que subsidiaram a ação do governo Ronald Reagan para a América Latina. A estratégia foi capaz de desencadear o processo de revolução cultural (regressiva) em curso num continente esmagadoramente católico desde o desembarque dos colonizadores ibéricos – espanhóis e portugueses – há quinhentos anos.

Em cinco décadas conseguiu minar o incontrastável domínio do catolicismo que infundiu ao longo dos séculos uma profunda dimensão religiosa na cultura popular do continente. As denominações pentecostais e neopentecostais a partir do proselitismo agressivo da chamada Teologia da Prosperidade, assentada no mais feroz individualismo para definir a relação entre o fiel e a divindade, sucedida nos anos recentes, particularmente no Brasil, pela Teologia do Domínio, matriz religiosa ancorada no temor e no ódio, amplamente difundida e apropriada pelos segmentos políticos da extrema-direita, nos últimos anos, no continente.

Sessenta anos depois do golpe de estado de 1.º de abril de 1964, com o inequívoco apoio do episcopado, o maior país católico do mundo passa, nas últimas décadas, por uma profunda transformação no campo dos valores que desenharam sua fisionomia. Está deixando de ser um país majoritariamente católico.

A asa do condor
rede de repressão na América do Sul

Acionada, a violenta carga explosiva levantou do chão o Chevrolet branco e o fez rodopiar pelo asfalto de Sheridan Circle, rotatória próxima às embaixadas da Romênia e Irlanda na manhã de 21 de setembro de 1976, em Washington, DC. Destroçados os corpos de Orlando Letelier, 44 anos, dirigente político chileno, ex-chanceler de Salvador Allende que conduzia o automóvel e Ronnie Karpen Moffitt, cidadã americana, sua assistente, foram socorridos por seu marido Michael Moffitt, o terceiro passageiro, que estava no banco traseiro e foram transportados ao hospital da Universidade George Washington. Michael sobreviveu. Letelier e Ronni Moffitt foram declarados mortos às 9h35.

A comoção provocada pela ousadia do ato terrorista, tocou o coração do Império que, apenas três anos antes contribuíra decisivamente, conduzido pelas mãos do Conselheiro de Segurança Nacional Henry Kissinger, para a consumação do golpe de estado de 11 de setembro, a deposição e morte do Presidente legítimo Salvador Allende no Palácio de La Moneda, e a imposição da Junta Militar liderada pelo general Augusto Pinochet.

Em seu discurso no Senado, Edward Kennedy afirmou sobre Letelier "Seu único crime foi acreditar na liberdade de seu povo. (...) esse é um tipo de violência absolutamente inaceitável e espero que haja uma ampla investigação a respeito". Ted Kennedy elogiou a vida e a luta de Letelier "contra as violações dos direitos humanos por parte da Junta Militar de Pinochet".

"O longo braço da tirania chilena chega agora aos EUA", declarou o democrata de Dakota do Sul, James Abourzek, na Câmara dos Representantes.

A repercussão nos meios de comunicação foi igualmente intensa. Abriu-se uma intensa polêmica em torno da responsabilidade pelo atentado. A asa sinistra da Operação Condor projetara sua sombra a poucos quilômetros da Casa Branca.

Orlando Letelier incomodava a ditadura chilena. Incomodava muito naquele período crítico de sua consolidação. A "Terapia de Choque" recomendada por Milton Friedman, o guru do neoliberalismo, e seus discípulos, baseada na máxima "assaltar a casa antes que os proprietários acordem", estava devastando todos os direitos conquistados pelos trabalhadores durante um século de lutas. O atentado contra Letelier não podia ter acontecido em pior momento para meu país, reconheceu Manuel Tucco, embaixador de Pinochet em Washigton.

Com ampla audiência no Congresso, Letelier influenciava de forma relevante a opinião pública norteamericana, e não só. Já afirmara em audiência na Câmara dos Representantes que a CIA participara do golpe no Chile.

Conseguira impedir a concessão de um empréstimo de 60 milhões de dólares prometida pelo governo holandês ao general Pinochet, com suas constantes – e consistentes – denúncias das graves violações dos direitos humanos que a ditadura perpetrava contra a população chilena. Construíra uma trajetória que o credenciava como personalidade política com capacidade real de unificar as oposições no exílio contra a Junta Militar.

Seu nome se juntou a uma lista que fora inaugurada em 1974, um ano depois do 11 de setembro, com o assassinato, em Buenos Aires, do general Carlos Prats, comandante do Exército durante o governo Allende, tido como figura-chave na eventualidade de uma modificação significativa do poder em Santiago.

No mesmo ano, o general Alberto Bachelet, um oficial da corrente "constitucionalista" das Forças Armadas, que se opusera ao golpe contra Allende, morreu na prisão, oficialmente vítima de um infarto.

Em outubro de 1975, o deputado democrata-cristão Bernardo Leighton, exilado em Roma, foi gravemente ferido a tiros e, no próprio Chile, cinco meses depois, morreu num misterioso acidente aéreo o general Oscar Bonilla, considerado um moderado e eventual opção para o poder.

Para a experiência de imposição do neoliberalismo no Chile, e para atender aos interesses geopolíticos dos EUA, nos anos setenta do século passado, não bastava abolir a democracia liberal que elegeu Allende e impor uma ditadura, entre as mais sanguinárias do continente, era necessário afastar qualquer escrúpulo e aplicar os métodos mafiosos de eliminar sumariamente os opositores. Aqui se localizam de forma cristalina os objetivos e os métodos da Operação Condor.

Por trás das chamas

O nascimento do mal

"Em 1992, foram encontrados na cidade de Lambaré, vinte quilômetros de Assunção, Paraguai, os arquivos do Departamento da Polícia da Capital conhecidos como "Arquivo do Terror", totalizando 593 mil páginas microfilmadas, correspondentes a diários, arquivos, fotos, fichas, relatórios e correspondência secreta das ditaduras do Cone Sul. No acervo, havia um convite ao Paraguai para tomar parte na "Primeira Reunião de Trabalho de Inteligência Nacional", que seria realizada em Santiago do Chile entre os dias 25 de novembro e 1o de dezembro de 1975. O convite era assinado pelo coronel Manuel Contreras, chefe da Direção de Inteligência Nacional (DINA), o órgão central de repressão da ditadura chilena. Acompanhava o convite um documento de 11 páginas, encaminhado pelo diretor da DINA aos seus correspondentes da região definindo o objetivo do encontro: uma "coordenação eficaz que permita um intercâmbio oportuno de informações e experiências, além de certo grau de conhecimento pessoal entre os chefes responsáveis pela segurança". (*Relatório Final da Comissão Nacional da Verdade: Capítulo 6 – Conexões internacionais: a aliança repressiva no Cone Sul e a Operação Condor*).

Localizamos aqui o que se pode designar como a certidão de nascimento da Operação Condor. Assinada pela mão sinistra do coronel Manuel Contreras, diretor da DINA, o onipresente homem-sombra do aparato repressivo de Augusto Pinochet.

"A proposta do serviço de informações chileno para o chamado "Sistema de Coordenação e Segurança" demandava a operacionalização de um banco de dados e de uma central de informações, bem como a promoção de reuniões de trabalho regulares entre os serviços de informação do Cone Sul. O documento da DINA recomendava que o "pessoal técnico" do sistema tivesse imunidade diplomática e que também estivesse "agregado à sua respectiva representação [nas embaixadas], de acordo com as normas que fixe cada país, ainda que seja desejável que eles dependam diretamente dos seus Serviços [de Segurança]. O encontro realizado no Chile dois anos após o golpe que, em 1973, derrubou Salvador Allende, o primeiro presidente socialista eleito em pleito democrático na América do Sul – é considerado a reunião de fundação da Operação Condor. Estavam presentes delegações oficiais dos serviços de informações dos exércitos de seis países: Argentina, Bolívia, Brasil, Chile, Paraguai e Uruguai". (idem).

Constituía-se assim uma organização criminosa paraestatal de natureza multinacional. Suas ações desconsideravam fronteiras, eram dirigidas contra pessoas selecionadas entre perfis de dissidentes políticos exilados, utilizava-se, fiel à velha tradição da extrema-direita e do fascismo de grupos extremistas, como "sindicatos do crime" e "esquadrões da morte" e aderiu prontamente ao uso de tecnologia avançada para a constituição e o acesso a um banco de dados comum.

"Multinacional, porque suas unidades incluíam efetivos especialmente treinados em dois ou mais países e organizados em esquadrões baseados nas forças especiais do Exército dos Estados Unidos, US Army Special Operation Forces (SOF), que têm como missão treinar e conduzir quadros de combate não convencional ou de guerrilhas clandestinas. Transfronteiriça, porque utilizava os aparatos de Inteligência dos países parceiros ou as redes paramilitares dos países membros nas ações de vigilância, seleção de objetivos, sequestros, tortura e traslado de exilados. Paraestatal, porque atuava em um Estado paralelo, à margem da lei, clandestinamente, sempre de forma coordenada. Precisa e seletiva, porque mirava alvos certeiros entre os líderes de organizações esquerda e também outros dirigentes, reais ou potenciais, da resistência da sociedade civil às ditaduras militares do Cone Sul. Extremista, porque empregava unidades hunterkiller de civis e paramilitares, reunidas em "esquadrões da morte" clandestinos, para cometer execuções e atentados". (idem).

O novo acordo político-militar procurou formalizar a união dos aparelhos repressivos do Cone Sul para neutralizar opositores dos regimes autoritários da região. A operação desdobrou-se em três fases.

Fase 1: formalização da troca de informações entre os serviços de Inteligência, com a criação de um banco de dados sobre pessoas, organizações e outras atividades de oposição aos governos ditatoriais.

Fase 2: operações conjuntas nos países do Cone Sul e troca de prisioneiros, mobilizando agentes da repressão local envolvidos na localização e prisão de militantes opositores caçados por governos estrangeiros.

Fase 3: formação de esquadrões especiais integrados por agentes dos países-membros e mercenários oriundos de outros países (neofascistas italianos e cubanos anticastristas recrutados em Miami), com o objetivo de executar assassinatos seletivos de dirigentes políticos.

"Essa terceira fase, a mais arrojada e secreta, ficou caracterizada por execuções como o assassinato de um ministro do governo Allende

(1971-1973) e o ex-chanceler Orlando Letelier, morto por atentado à bomba executado por agentes da DINA em Washington, em setembro de 1976". (idem).

Um homem repugnante

Um Contreras brasileiro? Após comandar o DOI-CODI do II Exército, na rua Tutoia, esquina com Tomás Carvalhal, 1030, em S. Paulo, de 1970 a 1974, durante o governo Médici (1969-1974), o major Carlos Alberto Brilhante Ustra foi promovido a coronel e transferido para Brasília, como chefe do Setor de Operações do CIE, posto que ocupou entre dezembro de 1974 e dezembro de 1977. Sob seu comando o DOI-CODI do II Exército se converteu no endereço da morte. Acumulou o maior número de assassinatos de prisioneiros políticos sob tortura do que qualquer outra unidade do aparelho repressivo do Brasil, no período 1964-1988. Três casos alcançaram romper a blindagem da censura imposta pelo regime: a morte sob tortura do estudante Alexandre Vannucchi Leme (1973), a morte sob tortura do jornalista Vladimir Herzog (1975) e a morte sob tortura do operário Manoel Fiel Filho (1976), que resultou na exoneração do comandante do II Exército, general Ednardo D'Ávila Melo. Foi o único torturador condenado, ainda que tardiamente, pela justiça brasileira, graças à tenacidade da família Teles (Maria Amélia de Almeida Teles (Amelinha), César Augusto Teles, os pais, Janaína Teles e Edson Teles, os filhos e Criméia Alice Shmidt de Almeida, irmã de Amelinha militantes de Direitos Humanos). O Brasil deve a eles a coragem de expor à justiça a monstruosidade desse oficial do Exército capaz de levar, em 1972, duas crianças, Janaína e Edson às salas de tortura do DOI-CODI para verem os pais seviciados.

A História é implacável. O todo-poderoso major Tibiriçá, senhor da vida e da morte nas salas acústicas da rua Tutoia, definido nos versos dos "Poemas do Povo da Noite" entre os "Elegantes assassinos/ de farda impecável/ e coturnos reluzentes", responsável por trucidar dezenas de militantes revolucionários, foi vencido e desmoralizado por três mulheres, vítimas do seu sadismo e crueldade. Amelinha Teles, Crimeia Shmidt e Bete Mendes.

A atriz e exdeputada Bete Mendes relata a experiência de dor que sofreu nas mãos de Ustra e sua estupefação ao encontrá-lo trabalhando normalmente como adido militar da embaixada do Brasil em Montevidéu, para onde ele viajou na comitiva oficial do Presidente Sarney em 1985. Ali, numa recepção, ela o denunciou publicamente.

Ustra foi sucedido no Setor de Operações do CIE, braço brasileiro da Operação Condor, pelo então coronel José Antônio Nogueira Belham, que chefiava, como major, o DOI-CODI do I Exército, na Rua Barão de Mesquita, no Rio de Janeiro, à época do sequestro, tortura e morte do deputado Rubens Paiva.

A resiliência do mal

As informações que se seguem constam do indispensável volume "DIREITO À MEMÓRIA E À VERDADE – Comissão Especial de Mortos e desaparecidos Políticos – CEMDP, publicado pela Secretaria Especial dos Direitos Humanos da Presidência da República, em 2007. Revelam a permanência da colaboração entre os sistemas repressivos em ação no continente para a prática de graves violações dos direitos humanos.

■ Norberto Armando Habergger era cidadão argentino, jornalista, ensaísta e escritor. Desapareceu em 31/07/1978, quando chegou ao Rio de Janeiro proveniente da cidade do México. Seu nome consta no Dossiê de Mortos e Desaparecidos Políticos e na lista anexa à Lei 9.140/95. Em 1964, era secretário da Juventude Democrata-Cristã na Argentina e foi um dos fundadores do Partido Peronista Autêntico, braço político dos Montoneros. Era casado com Florinda Castro e tinha um filho. Vivia no México desde 1977. Em 30 de julho embarcou às 14 horas, na Cidade do México, para o Rio de Janeiro, num voo da Panam. Desapareceu no Rio, depois de manter contato telefônico com seus companheiros na Espanha. (...) Desde então Norberto não foi mais visto.

■ Horacio Domingo Campiglia e Monica Susana Binstock integravam o Movimento Peronista Montoneros que mantinha resistência armada à ditadura militar argentina. Em 12/03/1980 voltavam do exílio para seu país, tendo partido da Cidade do México, na véspera, num vôo da empresa aérea venezuelana Viasa, em conexão com um vôo da Varig rumo ao Rio de Janeiro. Usavam passaportes falsos e foram sequestrados no aeroporto do Galeão".

■ Lorenzo Ismael Viñas desapareceu no Brasil em 26/06/1980. Estudante universitário em Buenos Aires, onde cursava Ciências Sociais. Desde 1976 estava exilado no México com sua esposa, Cláudia Olga Romana Allegrini, que tornou depois da democratização uma funcionária da Subsecretaria de Direitos Humanos do Ministério do Interior daquele país".

■ Jorge Oscar Adur, religioso argentino, veio ao Brasil para acompanhar a primeira visita do papa João Paulo II ao país e nunca mais foi visto. Não há outras informações sobre a data e local precisos do desaparecimento. Depois do golpe militar de março de 1976 na

Argentina, mudou-se para a França onde residia na Congregação dos Religiosos Assuncionistas, em Paris. Apresentava-se como capelão do Exército Montonero. Quando veio ao Brasil, em 1980, deveria se reunir com diferentes grupos de vários países da América Latina, particularmente cristãos engajados na luta sindical, familiares de desaparecidos e de presos políticos argentinos e outros movimentos religiosos ou leigos que apresentariam ao Papa seu testemunho das injustiças sociais e perseguições políticas na América Latina. Desapareceu nos primeiros dias de junho de 1980, vítima da Operação Condor".

■ Liliana Inês Goldenberg e Eduardo Gonzalo Escabosa faziam a travessia entre Porto Meira, em Foz do Iguaçu e Puerto Iguazú, na margem argentina do rio Paraná. "Foi num sábado, 2 de agosto de 1980, Liliana de 27 anos loura e franzina, e seu companheiro Eduardo, de 30 anos embarcaram na lancha Caju IV, pilotada por Antônio Alves Feitosa, conhecido na região como "Tatu". Antes da atracação no lado argentino, dois policiais brasileiros que estavam a bordo mandaram o piloto parar a lancha e apontaram suas armas para o casal. Cercados, Liliana e Eduardo ainda puderam ver que mais policiais desciam ao atracadouro, vindos da aduana argentina. Assim que perceberam que haviam caído numa cilada, Liliana e Eduardo se ajoelharam diante de um grupo de religiosos que estavam a bordo e gritaram que eram perseguidos políticos e prefeririam morrer ali a serem torturados. Em seguida abriram um saco plástico, tiram os comprimidos e os engoliram bebendo a água barrenta do Rio Paraná. Morreram em trinta segundos, envenenados por uma dose fortíssima de cianureto". (Aluísio Palmar, "Onde foi que vocês enterraram nossos mortos?" cit. In Direito à memória e à verdade Secretaria Especial dos Direitos Humanos da Presidência da República, 2007, págs. 438 a 442 Argentinos Desaparecidos no Brasil).

A monstruosidade desses crimes paira sobre as instituições dos nossos países e cobram como o anjo da história de Benjamim, das sociedades do Cone Sul uma atitude clara de recusa à contemporização com a barbárie e com o esquecimento.

A memória se constitui como fato relevante na história e nas culturas dos povos quando convertemos as recordações individuais ou de grupos em ação coletiva, portanto, em política voltada para as gerações presentes e futuras. Fora isso, é condenar-se a repetir a tragédia circular da submissão colonial.

Anexos

Advocacia e ditadura
Registro e homenagem aos profissionais da Justiça que honraram a missão sob o jugo do arbítrio

A ditadura civil-militar, ao violar a Constituição de 1946, democraticamente aprovada por constituintes eleitos, demoliu o Estado democrático de direito.

Atos institucionais impostos foram atos de força e antidemocráticos. Reduziram a pó a presunção de inocência, limitaram a independência de juízes e de tribunais, comprometeram a soberania popular, a previsibilidade e a segurança jurídica da sociedade. A suspensão do *habeas corpus* para crimes políticos, as acusações e denúncias generalizadas de subversão – tudo isso acabou levando à prisão de muitos advogados pelo exercício legítimo da profissão, à vigilância ilegal de escritórios e de telefones.

Se a oposição era tratada como "uma inimiga dos infernos" pela ditadura, se os movimentos sociais e populares eram completamente criminalizados, os advogados, advogadas e juízes que se atreviam a defendê-los eram considerados adversários políticos.

A ditadura instituiu três leis de segurança nacional. Instituiu também a pena de morte e quatro militantes foram condenados no período, mas felizmente não executados. Criou também aparatos repressivos que atuavam de forma absolutamente arbitrária. A consequência de tudo isso foi o assassinato, a execução extrajudicial, o desaparecimento forçado de centenas de militantes e a permanência da ditadura por mais de duas décadas.

Mércia Albuquerque, por exemplo, advogada que defendeu mais de 700 cidadãos e cidadãs perseguidos no Nordeste, foi presa 12 vezes. Idibal Pivetta, advogado e teatrólogo de São Paulo, foi preso onze vezes.

Não raro, o preso político era acareado com seu próprio advogado também encarcerado.

Em São Paulo, onde funcionou o maior DOI-CODI do país, na rua Tutóia, no qual milhares de pessoas foram arbitrariamente presas, pelo menos 2.700 foram submetidos à tortura, 44 foram mortos, sem falar nos desaparecidos. Na sede do DEOPS, no Largo General Osório, próximo a antiga rodoviária, o delegado Sergio Fleury se orgulhava de comandar o que chamava de "sucursal do inferno".

O Arcebispo de São Paulo, Dom Paulo Evaristo Arns, um gigante na defesa dos Direitos Humanos, criou a Comissão de Justiça e Paz para inclusive dar apoio e cobertura aos advogados que corajosamente enfrentavam as arbitrariedades e enobreciam o exercício da advocacia.

No Rio de Janeiro, o arcebispo Dom Eugenio Salles mantinha relações com os militares, mas defendia os foragidos da ditadura, acolhendo-os e salvando vidas, inclusive alguns perseguidos por outras ditaduras sangrentas como as da Argentina, Uruguai, Bolívia, Paraguai e Chile, que vinham buscar abrigo no Brasil.

E os bispos Dom Mauro Morelli e Adriano Hipólito – exemplos igualmente dignificantes –, davam cobertura a advogados e foram eles próprios violentados pela repressão. Ao lado de personalidades católicas como Alceu Amoroso Lima, Tristão de Ataíde e Cândido Mendes, entre muitos outros.

Advogados formavam também redes de apoio, como Egídio Salles, no Pará; Wanda Sidou. no Ceará; Mércia Albuquerque, em Pernambuco. E ainda Sigmaringa Seixas, Elizabete Diniz, na Capital Federal, que atuavam na segunda instância.

Sobral Pinto, franzino, conservador nos costumes e na religião, tornou-se uma enorme referência de desassombro e coragem para todo o país.

Vários advogados vieram a se eleger depois para cargos públicos como govenadores, senadores, deputados etc., devido ao reconhecimento da população ao papel destacado que tiveram durante a ditadura e que continuaram e continuam tendo no processo de construção da democracia.

Com a emergência e relevância dos movimentos sociais, urbanos e rurais, em especial do movimento sindical, advogados trabalhistas e especializados na mediação de conflitos, passaram a assumir cada vez mais importância. Assim como os que se destacaram nas lutas contra o racismo, a discriminação por gênero, orientação sexual e defesa dos imigrantes.

As grandes associações nacionais de advogados, juízes, MP e MPF, de defensores públicos, OAB – e que hoje enfrentam a extrema direita e o neofascismo –, são herdeiros dessa tradição de luta por mudanças num judiciário marcado por tradições racistas, classistas, patriarcais, homofóbicas e elitistas.

Comissão Nacional da Verdade
Legislação, Conclusões e Recomendações

Artigo 3.º – São objetivos da Comissão Nacional da Verdade:
[...]
VI – recomendar a adoção de medidas e políticas públicas para prevenir violação de direitos humanos, assegurar sua não repetição e promover a efetiva reconciliação nacional;
[...]
Artigo 11 – A Comissão Nacional da Verdade terá prazo até 16 de dezembro de 2014, para a conclusão dos trabalhos, e deverá apresentar, ao final, relatório circunstanciado contendo as atividades realizadas, os fatos examinados, as conclusões e as recomendações.
[Lei no 12.528, de 18 de novembro de 2011, que criou a Comissão Nacional da Verdade.]

1. A Lei no 12.528/2011, que instituiu a Comissão Nacional da Verdade (CNV), estabeleceu a obrigação de apresentação, no final das atividades da CNV, de "relatório circunstanciado contendo as atividades realizadas, os fatos examinados, as conclusões e as recomendações" (artigo 11). A lei foi ainda mais específica no tocante às recomendações, ao estipular para a CNV o objetivo de "recomendar a adoção de medidas e políticas públicas para prevenir violação de direitos humanos, assegurar

sua não repetição e promover a efetiva reconciliação nacional" (artigo 3.º, inciso VI).

2. Em face desses mandamentos legais, este capítulo final do Volume I do Relatório da CNV é dedicado justamente à apresentação das principais conclusões a que chegaram seus integrantes após a atividade de investigação desenvolvida, bem como das recomendações que se impuseram a partir desse trabalho.

i. Conclusões

3. O resultado das investigações conduzidas pela CNV possibilita a seus conselheiros explicitar as conclusões de ordem geral que se seguem, todas vinculadas ao mandato que lhes foi conferido na lei de instituição da comissão.

[1] Comprovação das graves violações de direitos humanos

4. A CNV pôde documentar a ocorrência de graves violações de direitos humanos entre 1946 e 1988, período assinalado para sua investigação, notadamente durante a ditadura militar, que se estendeu de 1964 a 1985. Essa comprovação decorreu da apuração dos fatos que se encontram detalhadamente descritos neste Relatório, nos quais está perfeitamente configurada a prática sistemática de detenções ilegais e arbitrárias e de tortura, assim como o cometimento de execuções, desaparecimentos forçados e ocultação de cadáveres por agentes do Estado brasileiro. Para essa apuração, a CNV valeu-se de elementos consistentes, frutos de sua atividade de pesquisa, bem como de evidências obtidas por órgãos públicos, entidades da sociedade civil e vítimas e seus familiares, que, antes da existência da comissão, se dedicaram a essa busca.

5. No âmbito desse quadro de graves violações de direitos humanos, a CNV teve condições de confirmar 434 mortes e desaparecimentos de vítimas do regime militar, que se encontram identificados de forma individualizada no Volume III deste Relatório, sendo 191 os mortos, 210 os desaparecidos e 33 os desaparecidos cujos corpos tiveram seu paradeiro posteriormente localizado, um deles no curso do trabalho da CNV. Esses números certamente não correspondem ao total de mortos e desaparecidos, mas apenas ao de casos cuja comprovação foi possível em função do trabalho realizado, apesar dos obstáculos encontrados na investigação, em especial a falta de acesso à documentação produzida pelas Forças Armadas, oficialmente dada como destruída. Registre-se, nesse sentido, que os textos do Volume II deste Relatório correspondentes às graves violações perpetradas contra campone-

ses e povos indígenas descrevem um quadro de violência que resultou em expressivo número de vítimas.

[2] Comprovação do caráter generalizado e sistemático das graves violações de direitos humanos

6. Conforme se encontra amplamente demonstrado pela apuração dos fatos apresentados ao longo deste Relatório, as graves violações de direitos humanos perpetradas durante o período investigado pela CNV, especialmente nos 21 anos do regime ditatorial instaurado em 1964, foram o resultado de uma ação generalizada e sistemática do Estado brasileiro. Na ditadura militar, a repressão e a eliminação de opositores políticos se converteram em política de Estado, concebida e implementada a partir de decisões emanadas da presidência da República e dos ministérios militares. Operacionalizada através de cadeias de comando que, partindo dessas instâncias dirigentes, alcançaram os órgãos responsáveis pelas instalações e pelos procedimentos diretamente implicados na atividade repressiva, essa política de Estado mobilizou agentes públicos para a prática sistemática de detenções ilegais e arbitrárias e tortura, que se abateu sobre milhares de brasileiros, e para o cometimento de desaparecimentos forçados, execuções e ocultação de cadáveres. Ao examinar as graves violações de direitos humanos da ditadura militar, a CNV refuta integralmente, portanto, a explicação que até hoje tem sido adotada pelas Forças Armadas, de que as graves violações de direitos humanos se constituíram em alguns poucos atos isolados ou excessos, gerados pelo voluntarismo de alguns poucos militares.

[3] Caracterização da ocorrência de crimes contra a humanidade

7. A configuração de condutas ilícitas como crimes contra a humanidade consolidou-se ao longo do século XX e no princípio deste século nas normas imperativas internacionais – ditas de *jus cogens*, o direito cogente, inderrogável e peremptório –, expressas no costume e em tratados de direito internacional dos direitos humanos e de direito internacional penal, como o Tratado de Roma, que instituiu o Tribunal Penal Internacional. Tal configuração decorre da associação de tais condutas a uma série de elementos que as tornam particularmente graves: serem atos desumanos, cometidos no contexto de um ataque contra a população civil, de forma generalizada ou sistemática e com o conhecimento dessa abrangência por parte de seus autores. Emergiu, assim, a concepção jurídica de que crimes como detenções ilegais e arbitrárias, a tortura, as execuções, os desaparecimentos forçados e a ocultação de cadáveres – objeto da investigação

da CNV –, uma vez revestidos desses elementos contextuais, constituem crimes contra a humanidade.

8. Ao demonstrar por meio da apuração registrada neste Relatório que as graves violações de direitos humanos praticadas pelo regime militar ocorreram em um contexto generalizado e sistemático de ataque do Estado contra a população civil – foram atingidos homens, mulheres, crianças, adolescentes e idosos, vinculados aos mais diferentes grupos sociais, como trabalhadores urbanos, camponeses, estudantes, clérigos, dentre tantos outros –, a CNV constatou que a prática de detenções ilegais e arbitrárias, tortura, execuções, desaparecimentos forçados e ocultação de cadáveres por agentes do Estado durante a ditadura militar caracterizou o cometimento de crimes contra a humanidade.

[4] **Persistência do quadro de graves violações de direitos humanos**

9. A CNV, ao examinar o cenário de graves violações de direitos humanos correspondente ao período por ela investigado, pôde constatar que ele persiste nos dias atuais. Embora não ocorra mais em um contexto de repressão política – como ocorreu na ditadura militar –, a prática de detenções ilegais e arbitrárias, tortura, execuções, desaparecimentos forçados e mesmo ocultação de cadáveres não é estranha à realidade brasileira contemporânea. Relativamente à atuação dos órgãos de segurança pública, multiplicam-se, por exemplo, as denúncias de tortura, o que levou à recente aprovação da Lei no 12.847/2013, destinada justamente à implementação de medidas para prevenção e combate a esse tipo de crime. É entendimento da CNV que esse quadro resulta em grande parte do fato de que o cometimento de graves violações de direitos humanos verificado no passado não foi adequadamente denunciado, nem seus autores responsabilizados, criando-se as condições para sua perpetuação.

ii. recomendações

10. Levando em conta as conclusões acima expostas e com o intuito de prevenir graves violações de direitos humanos, assegurar sua não repetição e promover o aprofundamento do Estado democrático de direito, CNV recomenda a adoção de um conjunto de dezessete medidas institucionais e de oito iniciativas de reformulação normativa, de âmbito constitucional ou legal, além de quatro medidas de seguimento das ações e recomendações da CNV. Esse rol de 29 recomendações foi concebido a partir, inclusive, de sugestões emanadas de órgãos públicos, entidades da sociedade e de cidadãos, que as encaminharam por intermédio de formulário especificamente dispo-

nibilizado com essa finalidade no site da CNV. Por meio desse mecanismo de consulta pública, foram encaminhadas à CNV, em agosto e setembro de 2014, 399 propostas com sugestões de recomendação.

A) medidas institucionais

[1] Reconhecimento, pelas Forças Armadas, de sua responsabilidade institucional pela ocorrência de graves violações de direitos humanos durante a ditadura militar (1964 a 1985)

11. A CNV, conforme sublinhou em suas conclusões, pôde comprovar de modo inequívoco a participação de militares e a utilização de instalações do Exército, da Marinha e da Aeronáutica na prática de graves violações de direitos humanos – detenções ilegais, tortura, execuções, desaparecimentos forçados e ocultação de cadáveres – no período da ditadura militar, entre 1964 e 1985. O uso desses efetivos e da infraestrutura militar deu-se de maneira sistemática, a partir de cadeias de comando que operaram no interior da administração do Estado. De forma inaceitável sob qualquer critério ético ou legal, foram empregados recursos públicos com a finalidade de promoção de ações criminosas.

12. Além da responsabilidade que pode e deve recair individualmente sobre os agentes públicos que atuaram com conduta ilícita ou deram causa a ela, é imperativo o reconhecimento da responsabilidade institucional das Forças Armadas por esse quadro terrível. Se é certo que, em função de questionamento da CNV, as Forças Armadas expressaram a ausência de discordância com a posição já assumida pelo Estado brasileiro diante desse quadro de graves violações de direitos humanos – posição que, além do reconhecimento da responsabilidade estatal, resultou no pagamento de reparações –, é também verdadeiro que, dado o protagonismo da estrutura militar, a postura de simplesmente "não negar" a ocorrência desse quadro fático revela-se absolutamente insuficiente. Impõe-se o reconhecimento, de modo claro e direto, como elemento essencial à reconciliação nacional e para que essa história não se repita.

[2] Determinação, pelos órgãos competentes, da responsabilidade jurídica – criminal, civil e administrativa – dos agentes públicos que deram causa às graves violações de direitos humanos ocorridas no período investigado pela CNV, afastando-se, em relação a esses agentes, a aplicação dos dispositivos concessivos de anistia inscritos nos artigos da Lei no 6.683, de 28 de agosto de 1979, e em outras disposições constitucionais e legais.

13. A CNV considerou que a extensão da anistia a agentes públicos que deram causa a detenções ilegais e arbitrárias, tortura, execuções, desaparecimentos forçados e ocultação de cadáveres é incompatível com o direito brasileiro e a ordem jurídica internacional, pois tais ilícitos, dadas a escala e a sistematicidade com que foram cometidos, constituem crimes contra a humanidade, imprescritíveis e não passíveis de anistia. Relativamente a esta recomendação – e apenas em relação a ela, em todo o rol de recomendações –, registre-se a posição divergente do conselheiro José Paulo Cavalcanti Filho, baseada nas mesmas razões que, em 29 de abril de 2010, levaram o Supremo Tribunal Federal, no julgamento da Arguição de Descumprimento de Preceito Fundamental no 153, com fundamento em cláusulas pétreas da Constituição brasileira, a recusar, por larga maioria (sete votos a dois), essa tese.

14. Para a fundamentação de sua posição, a CNV considerou que, desde meados do século XX, em decorrência da investigação e do julgamento de violações cometidas durante a Segunda Guerra Mundial, ocorreu a crescente internacionalização dos direitos humanos, com a consolidação de parâmetros de proteção mínimos voltados à proteção da dignidade humana. A jurisprudência e a doutrina internacionalistas são unânimes em reconhecer que os crimes contra a humanidade constituem violação ao costume internacional e mesmo de tratados sobre direitos humanos. A elevada relevância do bem jurídico protegido – nas hipóteses de crimes contra a humanidade, a abranger as práticas de detenções ilegais e arbitrárias, tortura, execuções, desaparecimentos forçados e ocultação de cadáveres – requer dos Estados o cumprimento da obrigação jurídica de prevenir, investigar, processar, punir e reparar graves violações a direitos. A importância do bem protegido justifica o regime jurídico da imprescritibilidade dos crimes contra a humanidade e da impossibilidade de anistia, determinado pela ordem internacional e decorrente da proteção à dignidade da pessoa humana e da prevalência dos direitos humanos, previstas pela Constituição brasileira (artigos 1.º, III, e 4.º, II), bem como da abertura desta ao direito internacional dos direitos humanos (artigo 5.º, parágrafos 2.º e 3.º).

15. Por consequência, considerando a extrema gravidade dos crimes contra a humanidade, a jurisprudência internacional endossa a total impossibilidade de lei interna afastar a obrigação jurídica do Estado de investigar, processar, punir e reparar tais crimes, ofendendo normas peremptórias de direitos humanos. A proibição da tortura, das execuções, dos desaparecimentos forçados e da ocultação de cadáveres é absoluta e inderrogável. Na qualidade de preceito de *jus cogens*, não pode sofrer nenhuma exceção, suspensão ou derrogação: nenhuma circunstância excepcional – seja estado de guerra ou ameaça de guerra, instabilidade política interna ou qualquer outra

emergência pública – poderá ser invocada como justificativa para a prática de tortura, desaparecimento forçado ou homicídio. Prevalece o dever jurídico do Estado de prevenir, processar, punir e reparar os crimes contra a humanidade, de modo a assegurar o direito à justiça e à prestação jurisdicional efetiva. A esse dever correspondem os direitos à justiça e à verdade, os quais abrangem o direito a uma investigação rápida, séria, imparcial e efetiva, e a que sejam instaurados processos voltados à responsabilização dos autores das violações, inclusive na esfera criminal, bem como o direito das vítimas e seus familiares à obtenção de reparação.

16. Em 24 de novembro de 2010, a Corte Interamericana de Direitos Humanos (Corte IDH) responsabilizou o Brasil pelo desaparecimento de participantes da Guerrilha do Araguaia durante as operações militares da década de 1970 (caso Gomes Lund e outros vs. Brasil). Sustentou que as disposições da Lei de Anistia de 1979 são manifestamente incompatíveis com a Convenção Americana sobre Direitos Humanos, carecem de efeitos jurídicos e não podem seguir representando um obstáculo para a investigação de graves violações de direitos humanos, nem para a identificação e punição dos responsáveis. Respaldou sua argumentação em sólida jurisprudência internacional, destacando também emblemáticas decisões judiciais que invalidaram leis de anistia na América Latina.

17. A decisão reitera a relevante jurisprudência da Corte IDH sobre a matéria. No caso Barrios Altos vs. Peru (2001), a Corte considerou que leis de autoanistia perpetuam a impunidade, obstruem o esclarecimento dos fatos, propiciam uma injustiça continuada, impedem às vítimas e a seus familiares o acesso à justiça e o direito de conhecer a verdade e de receber a reparação correspondente, o que constituiria uma afronta direta à Convenção Americana. Dessa maneira, as leis de autoanistia configurariam um ilícito internacional e sua revogação, uma forma de reparação não pecuniária. No mesmo sentido, no caso Almonacid Arellano vs. Chile (2006), a Corte decidiu pela invalidade de decreto-lei do período ditatorial, por implicar a denegação de justiça às vítimas e por afrontar os deveres do Estado de investigar, processar, punir e reparar graves violações de direitos humanos. No caso La Cantuta vs. Peru (2006), ao voltar a manifestar-se sobre as leis de anistia peruanas, a Corte sustentou que "o aparato estatal foi indevidamente utilizado para cometer crimes de Estado, para, depois, encobrir tais crimes e manter seus agentes impunes. O *jus cogens* resiste aos crimes de Estado, impondo-lhe sanções". Na América Latina, há significativa jurisprudência a respeito da imprescritibilidade e não aplicação de leis de anistia em relação a crimes de lesa-humanidade, como ilustram os casos de Argentina, Chile, Peru, Colômbia e Paraguai.

18. A racionalidade da Corte Interamericana é clara: leis de autoanis-

tia constituem ilícito internacional; perpetuam a impunidade; e propiciam uma injustiça continuada, impedindo às vítimas e a seus familiares o acesso à justiça, em direta afronta ao dever do Estado de investigar, processar, julgar e reparar graves violações de direitos humanos.

[3] Proposição, pela administração pública, de medidas administrativas e judiciais de regresso contra agentes públicos autores de atos que geraram a condenação do Estado em decorrência da prática de graves violações de direitos humanos

19. A condenação do Estado brasileiro ao pagamento de indenizações pela ocorrência de graves violações aos direitos humanos no período investigado pela CNV deveu-se ao reconhecimento oficial de condutas de agentes públicos que, mesmo à luz da legislação vigente à época dos fatos, foram manifestamente ilícitas, por exemplo, a prática de detenções arbitrárias e ilegais, da tortura, de execuções, de desaparecimentos forçados e de ocultação de cadáveres. Em conformidade com os princípios que regem a administração pública, cabe, em relação a esses agentes públicos, a proposição de medidas administrativas e judiciais que objetivem o ressarcimento ao erário público das verbas despendidas. A Constituição vigente (artigo 37, parágrafo 6.º) prevê, como já faziam Constituições anteriores, o direito de regresso contra o agente público quando demonstrada a sua responsabilidade pessoal (dolo ou culpa) pelo ato ilícito.

[4] Proibição da realização de eventos oficiais em comemoração ao golpe militar de 1964

20. As investigações realizadas pela CNV comprovaram que a ditadura instaurada através do golpe de Estado de 1964 foi responsável pela ocorrência de graves violações de direitos humanos, perpetradas de forma sistemática e em função de decisões que envolveram a cúpula dos sucessivos governos do período. Essa realidade torna incompatível com os princípios que regem o Estado democrático de direito a realização de eventos oficiais de celebração do golpe militar, que devem ser, assim, objeto de proibição.

[5] Reformulação dos concursos de ingresso e dos processos de avaliação contínua nas Forças Armadas e na área de segurança pública, de modo a valorizar o conhecimento sobre os preceitos inerentes à democracia e aos direitos humanos

21. É necessário que a formação dos integrantes das Forças Armadas e dos órgãos de segurança pública seja precedida por processos de recruta-

mento que levem em conta o conhecimento dos candidatos sobre os princípios conformadores do Estado democrático de direito e sobre os preceitos teóricos e práticos relacionados à promoção dos direitos humanos. Também nos processos de avaliação contínua a que os efetivos dessas forças e órgãos são submetidos, esse conhecimento deve ser considerado, de modo a assegurar a compatibilidade de sua atuação com aqueles princípios e preceitos fundamentais.

[6] Modificação do conteúdo curricular das academias militares e policiais, para promoção da democracia e dos direitos humanos

22. O conteúdo curricular dos cursos ministrados nas academias militares e de polícia deve ser alterado, considerando parâmetros estabelecidos pelo Ministério da Educação (MEC), a fim de enfatizar o necessário respeito dos integrantes das Forças Armadas e dos órgãos de segurança pública aos princípios e preceitos inerentes à democracia e aos direitos humanos. Tal recomendação é necessária para que, nos processos de formação e capacitação dos respectivos efetivos, haja o pleno alinhamento das Forças Armadas e das polícias ao Estado democrático de direito, com a supressão das referências à doutrina de segurança nacional.

[7] Retificação da anotação da causa de morte no assento de óbito de pessoas mortas em decorrência de graves violações de direitos humanos

23. Em conformidade com o direito à verdade, a Defensoria Pública dos estados ou outros órgãos que cumpram essa função, o Ministério Público e o Poder Judiciário, mediante requerimento dos interessados, deverão proceder de modo célere à determinação da retificação da anotação da causa de morte no assento de óbito de mortos em decorrência de graves violações de direitos humanos, nos termos da Lei no 9.140, de 4 de dezembro de 1995, conforme os precedentes dos casos Vladimir Herzog e Alexandre Vannucchi Leme, nos quais foi requerente a própria CNV.

[8] Retificação de informações na Rede de Integração Nacional de Informações de Segurança Pública, Justiça e Fiscalização (Rede Infoseg) e, de forma geral, nos registros públicos

24. Impõe-se excluir da Rede de Integração Nacional de Informações de Segurança Pública, Justiça e Fiscalização (Rede Infoseg), bem como nos demais registros relacionados à área de segurança pública, informações que envolvam registros de atos de perseguição política e de condenação na Jus-

tiça Militar ocorridos no período de 1946 a 1988. A manutenção dessas informações penaliza vítimas de violações aos direitos humanos, quando sua condição de vítima já foi, inclusive, objeto de reconhecimento pelo Estado brasileiro por meio de diferentes procedimentos. Adicionalmente, devem ser adotados procedimentos para desenvolvimento de sistemas de registro de informações que contribuam para a promoção dos direitos humanos, como a manutenção de banco que contenha amostra do DNA de toda pessoa sepultada sem identificação, de modo que seus restos mortais possam vir a ser localizados por seus familiares.

[9] Criação de mecanismos de prevenção e combate à tortura

25. Identificada nas investigações conduzidas pela CNV como uma das graves violações de direitos humanos que ocorreram de forma generalizada e sistemática na ditadura militar, a tortura continua sendo praticada no Brasil, notadamente em instalações policiais. Isso se deve até mesmo ao fato de que sua ocorrência nunca foi eficazmente denunciada e combatida pela administração pública. Recomenda-se, portanto, a criação de mecanismos, inclusive comitês, para prevenção e combate à tortura em todos os estados da Federação, com a participação da sociedade civil, conforme preceituado na Lei n.º 12.847/2013, que instituiu o Sistema Nacional de Prevenção e Combate à Tortura e criou o Comitê Nacional de Prevenção e Combate à Tortura e o Mecanismo Nacional de Prevenção e Combate à Tortura.

[10] Desvinculação dos institutos médicos legais, bem como dos órgãos de perícia criminal, das secretarias de segurança pública e das polícias civis

26. Recomenda-se a criação, nos estados da Federação, de centros avançados de antropologia forense e a realização de perícias que sejam independentes das secretarias de segurança pública e com plena autonomia ante a estrutura policial, para conferir maior qualidade na produção de provas técnicas, inclusive no diagnóstico de tortura.

[11] Fortalecimento das Defensorias Públicas

27. No contexto das graves violações de direitos humanos investigadas pela CNV, sobressaiu a percepção de que a dificuldade de acesso dos presos à Justiça facilitou grandemente a possibilidade de que fossem vítimas de abusos, por ação ou omissão da administração pública. Como esse quadro subsiste nos dias de hoje, recomenda-se o fortalecimento das Defensorias

Públicas, criadas constitucionalmente para o atendimento da população de baixa renda e revestidas das condições institucionais para propiciar maior proteção às pessoas detidas. O contato pessoal do defensor público com o preso nos distritos policiais e no sistema prisional é a melhor garantia para o exercício pleno do direito de defesa e para a prevenção de abusos e violações de direitos fundamentais, especialmente tortura e maus-tratos.

[12] Dignificação do sistema prisional e do tratamento dado ao preso

28. A estrutura prisional brasileira expressa uma situação de profundo desrespeito aos direitos humanos. A superpopulação prisional – fruto, inclusive, do uso pouco disseminado de penas alternativas – e a ausência efetiva de políticas voltadas à reintegração social dos presos são fatores que induzem a população carcerária à falta de perspectiva. Os presídios são locais onde a violação múltipla desses direitos ocorre sistematicamente, já foi feito o questionamento desse quadro até mesmo por órgãos internacionais. Essa situação também se verifica nas instituições destinadas ao acolhimento de crianças e adolescentes infratores.

29. Entre outras medidas, é necessário abolir, com o reforço de expresso mandamento legal, os procedimentos vexatórios e humilhantes pelos quais passam crianças, idosos, mulheres e homens ao visitarem seus familiares encarcerados. Não se pode mais obrigar todos os visitantes a ficar completamente nus e a ter seus órgãos genitais inspecionados. Essa prática deve ser proibida em todo o território nacional.

30. Nesse contexto, recomenda-se especial atenção à adoção de medidas que dignifiquem os presídios, promovendo-se o respeito aos direitos humanos e afastando-se a adoção de medidas – por exemplo, a privatização dessas estruturas – que acarretem ruptura com o princípio de que o poder punitivo é exclusivo do Estado e deve ser exercido nos marcos do Estado democrático de direito.

[13] Instituição legal de ouvidorias externas no sistema penitenciário e nos órgãos a ele relacionados

31. A criação de ouvidorias externas como instrumento de fiscalização e controle social do sistema penitenciário e dos órgãos a ele relacionados – polícias, Defensorias Públicas, Ministério Público e órgãos judiciais – deve ser adotada como uma política pública, com vistas ao aperfeiçoamento das instituições e de sua governança. Os ouvidores devem ser escolhidos com a participação da sociedade civil, ter independência funcional e contar com as prerrogativas e a estrutura necessárias ao desempenho de suas atribuições.

[14] Fortalecimento de Conselhos da Comunidade para acompanhamento dos estabelecimentos penais

32. Já previstos na Lei n.º 7.210, de 11 de julho de 1984 (Lei de Execução Penal), os Conselhos da Comunidade devem ser obrigatoriamente instalados em todas as comarcas do país que tenham varas de execução penal, com a finalidade de promover o acompanhamento de estabelecimentos penais. Sua composição deve ser definida em processo público e democrático.

[15] Garantia de atendimento médico e psicossocial permanente às vítimas de graves violações de direitos humanos

33. Como demonstraram as investigações conduzidas pela CNV, as vítimas de graves violações de direitos humanos estão sujeitas a sequelas que demandam atendimento médico e psicossocial contínuo, por meio da rede articulada intersetorialmente e da capacitação dos profissionais de saúde para essa finalidade específica. A administração pública deve garantir a efetividade desse atendimento.

[16] Promoção dos valores democráticos e dos direitos humanos na educação

34. O compromisso da sociedade com a promoção dos direitos humanos deve estar alicerçado na formação educacional da população. Assim, deve haver preocupação, por parte da administração pública, com a adoção de medidas e procedimentos para que, na estrutura curricular das escolas públicas e privadas dos graus fundamental, médio e superior, sejam incluídos, nas disciplinas em que couberem, conteúdos que contemplem a história política recente do país e incentivem o respeito à democracia, à institucionalidade constitucional, aos direitos humanos e à diversidade cultural.

[17] Apoio à instituição e ao funcionamento de órgão de proteção e promoção dos direitos humanos

35. A experiência internacional e brasileira demonstra que a efetividade da proteção e promoção dos direitos humanos se encontra diretamente relacionada à existência de uma rede de organismos públicos que tenha esses objetivos por finalidade específica. No âmbito dos estados e municípios, devem ser estimulados a criação e o apoio ao funcionamento de secretarias de direitos humanos, que, atuando na esfera de decisão da administração pública, possam desenvolver e coordenar ações de proteção e promoção.

36. Na esfera específica da investigação de graves violações de direitos humanos ocorridas ao longo da história do Brasil, deve haver a valorização dos órgãos já existentes – o Conselho Nacional dos Direitos Humanos (CNDH), a Comissão Especial sobre Mortos e Desaparecidos Políticos (CEMDP) e a Comissão de Anistia –, promovendo-se as reformas no arcabouço normativo que rege esses entes com a finalidade de aprimoramento das condições para sua atuação. Da mesma forma, a administração pública, nos seus diversos níveis, deve apoiar a atuação das comissões da verdade estaduais, municipais e setoriais que foram criadas no período de funcionamento da CNV e cuja duração perdurará mesmo com a extinção da comissão nacional.

B) reformas constitucionais e legais

[18] Revogação da Lei de Segurança Nacional

37. A atual Lei de Segurança Nacional – Lei n.º 7.170, de 14 de dezembro de 1983 – foi adotada ainda na ditadura militar e reflete as concepções doutrinárias que prevaleceram no período de 1964 a 1985. A Constituição de 1988 inaugurou uma nova era na história brasileira, configurando a República Federativa do Brasil como Estado democrático de direito, fundado, entre outros princípios, na promoção dos direitos humanos. De forma consistente com essa transformação, impõe-se a revogação da Lei de Segurança Nacional em vigor e sua substituição por legislação de proteção ao Estado democrático de direito.

[19] Aperfeiçoamento da legislação brasileira para tipificação das figuras penais correspondentes aos crimes contra a humanidade e ao crime de desaparecimento forçado

38. O direito internacional dos direitos humanos identificou – por meio de tratados internacionais dos quais o Brasil é parte, entre eles o Estatuto de Roma, constitutivo do Tribunal Penal Internacional – condutas cuja gravidade é extrema e que não podem ser admitidas em nenhuma circunstância. Nesse sentido, recomenda-se o aperfeiçoamento da legislação brasileira para que os tipos penais caracterizados internacionalmente como crimes contra a humanidade e a figura criminal do desaparecimento forçado sejam plenamente incorporados ao direito brasileiro, inclusive com a estipulação legal das respectivas penas. A previsão legal do desaparecimento forçado como tipo penal autônomo é, como afirmou a Corte Interamericana de Direitos Humanos no caso Gomes Lund e outros *versus* Brasil, uma

obrigação imposta ao Estado brasileiro pelo direito internacional dos direitos humanos (artigo 2.º da Convenção Americana sobre Direitos Humanos, artigo 3.º da Convenção Interamericana sobre o Desaparecimento Forçado de Pessoas e artigo 4.º da Convenção Internacional para a Proteção de Todas as Pessoas contra os Desaparecimentos Forçados). O pronto cumprimento do dever de criar um tipo penal autônomo, que contemple o caráter permanente desse crime, até que se estabeleça o destino ou paradeiro da vítima e se obtenha a certificação sobre sua identidade, é fundamental para a coibição do desaparecimento forçado, uma prática ainda presente no Brasil.

[20] Desmilitarização das polícias militares estaduais

39. A atribuição de caráter militar às polícias militares estaduais, bem como sua vinculação às Forças Armadas, emanou de legislação da ditadura militar, que restou inalterada na estruturação da atividade de segurança pública fixada na Constituição brasileira de 1988. Essa anomalia vem perdurando, fazendo com que não só não haja a unificação das forças de segurança estaduais, mas que parte delas ainda funcione a partir desses atributos militares, incompatíveis com o exercício da segurança pública no Estado democrático de direito, cujo foco deve ser o atendimento ao cidadão. Torna-se necessário, portanto, promover as mudanças constitucionais e legais que assegurem a desvinculação das polícias militares estaduais das Forças Armadas e que acarretem a plena desmilitarização desses corpos policiais, com a perspectiva de sua unificação em cada estado.

[21] Extinção da Justiça Militar estadual

40. De forma consentânea com a recomendação proposta no item anterior, a desmilitarização das polícias estaduais deve implicar a completa extinção dos órgãos estaduais da Justiça Militar ainda remanescentes. Reforma constitucional deve ser adotada com essa finalidade, resultando na previsão unicamente da Justiça Militar federal, cuja competência, conforme ressaltado no item subsequente, deverá alcançar apenas os efetivos das Forças Armadas.

[22] Exclusão de civis da jurisdição da Justiça Militar federal

41. Ainda com o propósito de circunscrever a competência da Justiça Militar aos efetivos das Forças Armadas, além da extinção da vertente estadual desse corpo judiciário, deverá ser promovida mudança normativa para exclusão da jurisdição militar sobre civis, verdadeira anomalia que subsiste

da ditadura militar. Assim, a Justiça Militar, cuja existência deve se restringir ao plano federal, deverá ter sua competência fixada exclusivamente para os casos de crimes militares praticados por integrantes das Forças Armadas.

[23] Supressão, na legislação, de referências discriminatórias das homossexualidades

42. Recomenda-se alterar a legislação que contenha referências discriminatórias das homossexualidades, sendo exemplo o artigo 235 do Código Penal Militar, de 1969, do qual se deve excluir a referência à homossexualidade no dispositivo que estabelece ser crime "praticar, ou permitir o militar que com ele se pratique ato libidinoso, homossexual ou não, em lugar sujeito a administração militar". A menção revela a discriminação a que os homossexuais estão sujeitos no âmbito das Forças Armadas.

[24] Alteração da legislação processual penal para eliminação da figura do auto de resistência à prisão

43. Recomenda-se alterar a legislação processual penal para que as lesões e mortes decorrentes de operações policiais ou de confronto com a polícia sejam registradas como "lesão corporal decorrente de intervenção policial" e "morte decorrente de intervenção policial", substituindo os termos "autos de resistência" e "resistência seguida de morte", respectivamente.

[25] Introdução da audiência de custódia, para prevenção da prática da tortura e de prisão ilegal

44. Criação da audiência de custódia no ordenamento jurídico brasileiro para garantia da apresentação pessoal do preso à autoridade judiciária em até 24 horas após o ato da prisão em flagrante, em consonância com o artigo 7 da Convenção Americana sobre Direitos Humanos (Pacto de San José de Costa Rica), à qual o Brasil se vinculou em 1992.

c) medidas de seguimento das ações e recomendações da CNV

[26] Estabelecimento de órgão permanente com atribuição de dar seguimento às ações e recomendações da CNV

45. A atividade da CNV gerou avanço significativo, mas não esgotou a possibilidade de obtenção de resultados na investigação das graves violações de direitos humanos ocorridas no período de 1946 a 1988. As perspecti-

vas abertas com esse trabalho e o grande volume de informações colhidas indicam a conveniência de estabelecimento de um órgão de seguimento com funções administrativas, com membros nomeados pela Presidência da República, representativos da sociedade civil, que, em sintonia com órgãos congêneres já existentes, como o CNDH, a CEMDP e a Comissão de Anistia, deverá dar sequência à atividade desenvolvida pela CNV, especialmente para:

a) dar continuidade à apuração dos fatos e à busca da verdade sobre a prática de detenções ilegais e arbitrárias, tortura, execuções, desaparecimentos forçados e ocultação de cadáveres;

b) prosseguir na investigação de eventos e condutas cuja apuração não pode ser concluída pela CNV, como os casos de massacres de trabalhadores durante o regime militar e o apoio dispensado por empresas e empresários para a criação e o funcionamento de estruturas utilizadas na prática de graves violações de direitos humanos;

c) cooperar, complementar e coordenar atividades de investigação documental com pessoas, instituições e organismos, públicos e privados, com finalidades de assessoramento, intercâmbio e divulgação de informação;

d) organizar, coordenar e promover atividades de informação sobre as graves violações de direitos humanos no país e no exterior;

e) monitorar o cumprimento das recomendações da CNV, com acesso ilimitado e poderes para requisitar informações, dados e documentos de órgãos e entidades do poder público, ainda que classificados em qualquer grau de sigilo, constituindo grupos de trabalho e pesquisa e instalando escritórios nas unidades federadas onde forem necessários;

f) apoiar as medidas de reparação coletiva pelas graves violações sofridas pela população camponesa no período investigado pela CNV, com ênfase na ampliação de políticas públicas para garantir o acesso à terra e a reforma agrária;

g) apoiar as medidas de reparação coletiva pelas graves violações sofridas pelos povos indígenas no período investigado pela CNV, com ênfase na regularização, desintrusão e recuperação ambiental de suas terras;

h) apoiar as medidas de políticas públicas destinadas a prevenir violação de direitos humanos e assegurar sua não repetição.

[27] Prosseguimento das atividades voltadas à localização, identificação e entrega aos familiares ou pessoas legitimadas, para sepultamento digno, dos restos mortais dos desaparecidos políticos

46. As dificuldades encontradas pela CNV para a localização dos restos mortais dos desaparecidos políticos indicam a necessidade de que os

órgãos competentes sejam dotados dos recursos necessários para o prosseguimento e a intensificação dessa atividade de busca. Devem ser realizadas diligências aptas a propiciar a localização e identificação dos restos mortais das pessoas que foram executadas por motivos políticos, que permanecem em locais desconhecidos ou incertos.

47. É necessário, ainda, que se confira tratamento respeitoso e adequado às ossadas já localizadas e recolhidas, que se encontram sob a guarda do Estado ou de instituições por ele delegadas, adotando-se as medidas necessárias para garantir sua preservação, conservação e segurança. O trabalho de identificação dessas ossadas deve ser intensificado, sendo exemplar a medida promovida por órgãos públicos, entidades da sociedade civil e familiares de vítimas, com apoio da CNV, que levou à entrega à Universidade Federal de São Paulo (Unifesp), para análise, das ossadas localizadas em 1989 no Cemitério Dom Bosco, em Perus, na cidade de São Paulo. Após a identificação, cada ossada deverá ser entregue aos familiares da vítima, em cerimônia pública oficial e solene, para que possa haver o sepultamento de forma digna.

[28] Preservação da memória das graves violações de direitos humanos

48. Devem ser adotadas medidas para preservação da memória das graves violações de direitos humanos ocorridas no período investigado pela CNV e, principalmente, da memória de todas as pessoas que foram vítimas dessas violações. Essas medidas devem ter por objetivo, entre outros:

a) preservar, restaurar e promover o tombamento ou a criação de marcas de memória em imóveis urbanos ou rurais onde ocorreram graves violações de direitos humanos;

b) instituir e instalar, em Brasília, um Museu da Memória.

49. Com a mesma finalidade de preservação da memória, a CNV propõe a revogação de medidas que, durante o período da ditadura militar, objetivaram homenagear autores das graves violações de direitos humanos. Entre outras, devem ser adotadas medidas visando:

a) cassar as honrarias que tenham sido concedidas a agentes públicos ou particulares associados a esse quadro de graves violações, como ocorreu com muitos dos agraciados com a Medalha do Pacificador;

b) promover a alteração da denominação de logradouros, vias de transporte, edifícios e instituições públicas de qualquer natureza, sejam federais, estaduais ou municipais, que se refiram a agentes públicos ou a particulares que notoriamente tenham tido comprometimento com a prática de graves violações.

[29] Prosseguimento e fortalecimento da política de localização e abertura dos arquivos da ditadura militar

50. O processo de localização e abertura dos arquivos do período do regime militar, que teve grande evolução com a atuação da CNV, deverá ter prosseguimento. Os acervos das Forças Armadas, incluindo aqueles de seus centros de informação – Centro de Informações do Exército (CIE), Centro de Informações da Marinha (Cenimar) e Centro de Informações de Segurança da Aeronáutica (CISA) –, bem como do Centro de Informações do Exterior (Ciex), que funcionou no Ministério das Relações Exteriores (MRE), deverão ser integrados em uma plataforma única em todo o país, que abranja toda a documentação dos órgãos do Sistema Nacional de Informações e Contrainformação (Sisni). O mesmo deverá ocorrer com os arquivos de todas as Divisões de Segurança e Informações (DSI) e Assessorias de Segurança e Informações (ASI) instituídas pela ditadura militar nos órgãos do governo federal, com vinculação ao Serviço Nacional de Informações (SNI).

51. No âmbito dos estados da Federação, deverá se proceder à localização e abertura dos arquivos dos órgãos vinculados à repressão política, em especial os acervos dos departamentos ou delegacias de ordem política e social (DOPS), promovendo seu recolhimento e tratamento técnico nos arquivos públicos e sua disponibilização no banco de dados do Arquivo Nacional. Esse banco de dados, por sua vez, deve ser ampliado e aperfeiçoado por meio, respectivamente, da incorporação de cópias digitais dos acervos documentais e orais ainda em posse do poder público e pela instalação de recursos tecnológicos destinados à potencialização das ferramentas de pesquisa e à universalização do acesso, inclusive com a disponibilização dos acervos na internet.

52. Recomenda-se, também, que tenha prosseguimento a localização, em missões diplomáticas e repartições consulares brasileiras, da documentação relativa ao período da ditadura militar, recolhendo-se esse acervo ao Arquivo Nacional. Recomenda-se, também, a continuidade da cooperação internacional visando à identificação, em arquivos estrangeiros e de organizações internacionais, de documentação referente ao período de investigação da CNV.

53. Devem-se estimular e apoiar, nas universidades, nos arquivos e nos museus, o estabelecimento de linhas de pesquisa, a produção de conteúdos, a tomada de depoimentos, o registro de informações e o recolhimento e tratamento técnico de acervos sobre fatos ainda não conhecidos ou esclarecidos sobre o período da ditadura militar.

54. Nos termos da legislação vigente, devem ser considerados de interesse público e social os arquivos privados de empresas e de pessoas naturais

que possam contribuir para o aprofundamento da investigação sobre as graves violações de direitos humanos ocorridas no Brasil.

Expediente

Secretário-executivo: André Saboia Martins

Gerente-executiva do Relatório: Vivien Fialho da Silva Ishaq

Comitê de relatoria: André Botelho Vilaron, Carla Osmo, Carolina de Campos Melo, Isabelle Maria Campos Vasconcelos Chehab, João Valentino Alfredo

Gerentes de projeto: Antônio de Moraes Mesplé, Daniel Josef Lerner

Pesquisadores seniores: Cristiane de Souza Reis, Fernanda Maria Duarte Severo, Glenda Mezarobba, José Almino Alencar, Maria Cecília de Oliveira Adão, Maria Jandyra Cavalcanti Cunha, Orlando Fernandes Calheiros Costa

Pesquisadores: Analu Dores Fernandes, Andréa Bandeira de Mello Schettini, Ariana Bazzano de Oliveira, Camila de Macedo Braga, Clarisse Meireles, Cláudia Paiva Carvalho, Cristina Borges Mariani, Deusa Maria de Sousa, Fernando Luís Coelho Antunes, Laís Villela Lavinas, Marcello Felisberto Morais de Assumpção, Márcia Baratto, Maria Antonieta Mendizábal Cortés, Mariana Barros Barreiras, Mariluci Cardoso de Vargas, Pedro Felix Carmo Penhavel, Pedro Rolo Benetti, Raissa Wihby Ventura, Rafael Rodrigo Ruela Souza, Silvia Sette Whitaker Ferreira, Suellen Neto Pires Maciel, Tatiana Dare Araújo, Tereza Eleutério de Souza

Pesquisadores juniores: Amanda Oliveira dos Reis, Caio Bruno Pires Mendes Cateb, Camila Cristina Silva, Clerismar Aparecido Longo, Felipe Augusto Vicente Pereira, Gabriel Arare Zerbetto Vera, Glenda Gathe Alves, Guilherme Bezerra Sattamini, Kátia Carolina Meurer Azambuja, Larissa da Silva Araujo, Mariane Souza Brito, Milena Fonseca Fontes, Pablo Emanuel Almada, Pamela Almeida Resende, Paula Franco, Paulo Jorge Correa Campos, Rafael Borba Araújo, Samuel Thame de Toledo Almeida, Shana Marques Prado dos Santos

Ouvidoria: Adilson Santana de Carvalho (responsável), Ana Claudia Beserra Macedo, Andreia Figueira Minduca, Claudio Picanço Magalhaes, Mila Landim Dumaresq, Olga Prado Carcovich

Revisão: Ana Lima Cecilio, Arthur Colaço Pires de Andrade, Carlos A. Inada, Carolina Braga Fernandes, Carolina Menkes Reis, Lilian Hiromi Matsuura, Miguel Said Vieira, Paula Alves Monteiro, Renata Mendonça Machado

Lugares de memória
Espalhar pelo Brasil sentinelas vivas da democracia

Em processos coletivos que têm significado histórico, algumas iniciativas emergem não apenas como pontos de inflexão, mas como projeções essenciais. É o caso dos lugares de memória, que desempenham um papel fundamental, funcionando como sentinelas que guardam não só ecos do passado mas também sementes do futuro. Esses espaços, mais do que marcos de rememoração, são decisivos na tessitura de uma sociedade que valoriza a democracia e os direitos humanos, servindo como alicerces para a educação, a reflexão e, sobretudo, a transformação social.

Na busca pela justiça de transição no Brasil, país marcado pelas cicatrizes de uma ditadura civil-militar que durou de 1964 a 1985, a importância desses centros transcende o ato de recordar; eles próprios se tornam também instrumentos de justiça. Ainda ecoam os clamores por verdade e reparação dos 434 casos de mortos e desaparecidos políticos, muitos dos quais permanecem sem respostas, e cujos responsáveis seguem à sombra da impunidade. A ampliação de lugares de memória, portanto, não é apenas um tributo aos que tombaram, mas um passo essencial para a consolidação da democracia e o fortalecimento da cidadania.

Em nível internacional, para citar apenas alguns poucos exemplos, a ESMA, na Argentina – Escola Mecânica da Armada, considerado o maior centro de detenção, tortura e extermínio do país; o Estádio Nacional do Chile, e a antiga prisão de Punta Carretas no Uruguai; ressaltam a universalidade da luta contra a opressão e a importância de preservar a memória coletiva. Esses locais, transformados em museus e centros de memória, não apenas expõem as atrocidades e violações praticadas, mas também celebram a resiliência humana e a incansável busca por justiça. A grande diferença é que, nesses países e em vários outros, se fez justiça, se julgou e puniu ditadores e seus agentes, e se espalhou dezenas, centenas de lugares de memória por ruas, bairros e vilas onde ocorreram fatos relativos às lutas contra os regimes arbitrários.

No Brasil, já há também importantes centros de memória. O Memorial da Resistência, em São Paulo, é um bom exemplo. Mas ainda são muito poucos e concentrados nas capitais. Iniciativas como a transformação da ex-sede do DOI-CODI em São Paulo, da sede do antigo DOPS no Rio de Janeiro, da Casa da Morte de Petrópolis, da Usina Cambahyba (na qual eram incinerados corpos esquartejados de militantes políticos) e vários outros centros de tortura em Memoriais da Resistência significam passos vitais nesta caminhada.

Esses esforços não devem emanar exclusivamente do Estado, embora caiba às instituições públicas a maior responsabilidade nesse sentido. A sociedade civil, com sua capacidade de mobilização e engajamento, tem também um papel crucial na preservação da memória coletiva e na promoção da justiça de transição. Iniciativas locais, como a instalação de placas e pequenos monumentos, e a organização de eventos que rememorem a luta pela democracia, são exemplos de como a memória pode ser cultivada e honrada em cada canto do país.

O papel complementar entre Estado e sociedade na criação e manutenção desses espaços é fundamental. Enquanto o Estado pode prover os recursos necessários para grandes projetos, a sociedade civil traz a paixão e a insistência infinitas para que a memória coletiva seja representativa e inclusiva. Juntos, podem assegurar que as lições do passado não sejam esquecidas, mas utilizadas como fundamento para um futuro onde prevaleçam a justiça, a paz e o respeito mútuo.

Portanto, os lugares de memória, ao nos conectar com as sombras do passado, iluminam o caminho para um futuro onde tais trevas não se repitam. Representam um compromisso coletivo com a verdade, a justiça e a reparação, servindo não apenas como um lembrete das atrocidades passadas, mas também como uma promessa de que tais horrores não serão reeditados. Eles são, em última análise, fundamentais para o processo de reconciliação nacional, contribuindo para uma cultura de paz e valorização da vida e da liberdade.

    Assim, enquanto avançamos rumo ao futuro, os lugares de memória se erigem como baluartes inabaláveis contra o esquecimento, assegurando que as futuras gerações herdem não só os relatos das injustiças do passado, mas também os ideais de resiliência, coragem e esperança. A cada placa, cada estátua, cada nome gravado na memória da nossa nação, reafirmamos nosso compromisso inabalável com a dignidade humana e a democracia, ecoando um lembrete perene e universal: nunca mais.

Gráficos e estatísticas
Visão geral de todos os casos de mortos e desaparecidos politicos

Por trás das chamas

Dados estatísticos – Mortos e Desaparecidos Políticos

Os gráficos apresentados neste anexo foram gerados a partir de pesquisas nos dados biográficos dos mortos e desaparecidos políticos publicados no "Relatório da Comissão Nacional da Verdade" e na 2ª edição do livro "Dos Filhos deste Solo".

De modo geral, mesmo considerando-se as informações já levantadas sobre os casos. constata-se que ainda existem muitas lacunas que estão representadas nos gráficos pela identificação "não consta".

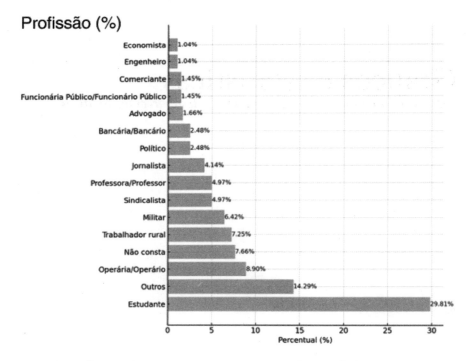

O gráfico explicita que o maior número de atividades se concentrou no segmento estudantil.

O levantamento demonstrou que os casos estavam assim distribuídos: estudante, o maior percentual (29,81%); seguido por operário(a) (8,9%); não consta (7,66%); trabalhador(a) rural (7,25%); militares (6,42%), sindicalistas e professores (as) (4,97%), jornalistas (4,14%), políticos e bancários (as) (2,48%); e outros (14,29%).

Com percentuais menores, outras profissões também apareceram: advogados (as) (1,66%), funcionários (as) públicos e comerciantes (1,45%), engenheiros e economistas (1,04%).

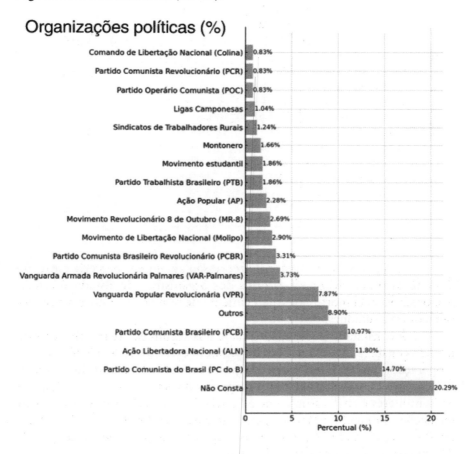

ALN-Molipo, consideradas conjuntamente, e o PCdoB foram as organizações que tiveram maior percentual de mortos e desaparecidos políticos (14,7% cada). O PCB foi a terceira com maior número de baixas (10,97%), seguida pela VPR (7,87%); Var-Palmares teve (3,73%), PCBR (3,31%), MR-8 (2,69%), AP (2,28%) etc.

Por trás das chamas

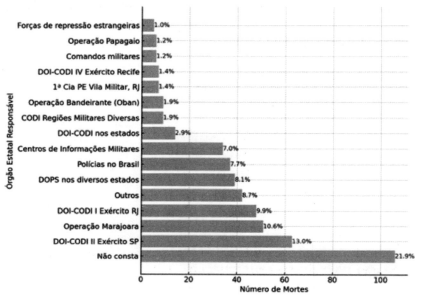

Como se sabe os órgãos de repressão agiam em parceria entre eles durante os processos investigatórios dos organismos do Estado Brasileiro responsáveis pela morte e desaparecimento de homens e mulheres que lutaram contra a ditadura.

Foi constatada a responsabilidade dos seguintes organismos de estado: não consta (21,9%) Doi-Codi do segundo exército em São Paulo (13,0%) a operação marajoara no Norte do país (10,6%) o Doi-Codi do primeiro exército no Rio de Janeiro (9,9%), Dops nos diversos estados (8,1%), as polícias militares e civil, assim como a Polícia Federal (7,7%), os centros de informações militares da Marinha, Exército e Aeronáutica (7%), Doi-Codi nos estados brasileiros (2,9%), o Codi das regiões militares diversas por (1,9%) das mortes, mesmo percentual da Oban.

A primeira companhia da Polícia do Exército na Vila Militar do Rio de Janeiro foi responsável por (1,4%) das mortes, mesmo percentual do Doi-Codi do quarto exército situado em Recife. A operação Papagaio e comandos militares nos estados foram responsáveis por 1,2% das vítimas da ditadura. E as forças de repressão estrangeira por (1%) dos mortos e desaparecidos.

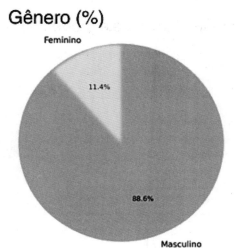

A maioria dos mortos e desaparecidos políticos foram do sexo masculino (88,6%). As mulheres representaram (11,4%).

Estado da morte (%)

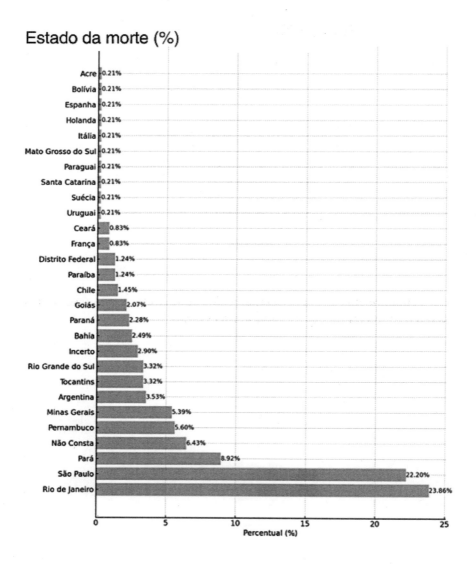

O aparato de repressão foi mais forte e incisivo no Sudeste do país. Os estados do Rio de Janeiro (23,86%), São Paulo (22,2%) e Minas Gerais (5,39%) concentraram mais de 50% do total de mortos e desaparecidos políticos. O Pará teve (8,92%), Pernambuco (5,6%). Tocantins e Rio Grande do Sul (3,32%). Na Bahia, (2,49%) foram mortos ou desaparecidos. No Paraná (2,28%) e em Goiás (2,07%). Na Paraíba e no Distrito Federal (1,24%). No Ceará (0,83%). O percentual de mortes em locais incertos foi de (2,9%) e não consta (6,43%).

Vários brasileiros foram mortos na Argentina (3,53%). Outro país que teve relação direta com a morte ou desaparecimento de militantes políticos brasileiros foi o Chile (1,45%). Morreram militantes brasileiros também na França (0,83%), Uruguai, Suécia e Paraguai, Itália, Holanda, Espanha e Bolívia (0,21%).

Estado do nascimento (%)

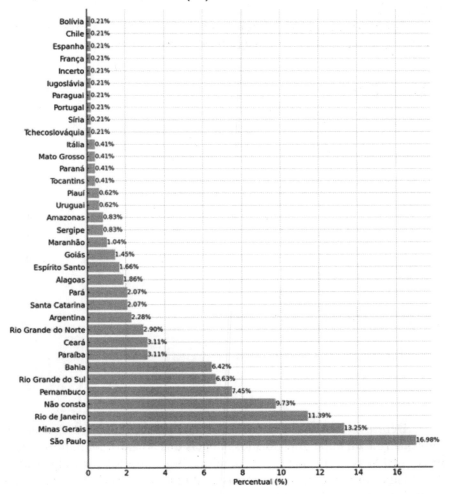

Foi no sudeste também onde nasceu o maior percentual de homens e mulheres mortos pela ditadura. Nasceram em São Paulo (16,98%), Minas Gerais (13,25%), Rio de Janeiro (11,39%) e Espírito Santo (1,66%). No Nordeste nasceram em Pernambuco (7,45%), na Bahia (6,42%), na Paraíba e

141

Ceará (3,11%) e no Rio Grande do Norte (2,9%). Em Alagoas (1,86%), no Maranhão (1,04%), seguido de Sergipe (0,83%) e Piauí (0,62%). Não consta informações sobre o nascimento (9,73%).

Nasceram no Sul do país um menor percentual: Rio Grande do Sul (6,63%), Santa Catarina (2,07%) e Paraná (0,41%).

Com menores percentuais, foram mortos e desaparecidos nascidos no Pará (2,07%), Amazonas (0,83%), Tocantins (0,41%). Itália (0,41%) dentre outros países.

Foram ainda mortos homens e mulheres nascidas em outros países como Argentina (2,28%), Uruguai (0,62%) dentre outros.

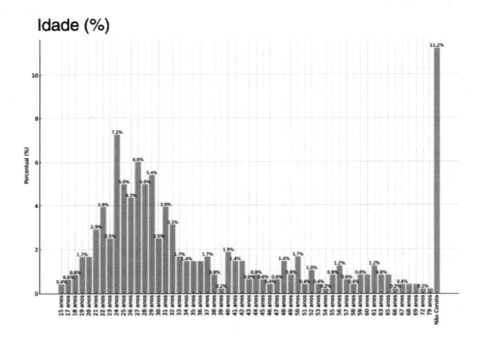

Dentre os mortos e desaparecidos, quase a metade (46,4%) eram jovens que tinham entre 20 e 30 anos. Depois dos 30 anos, foi diminuindo o percentual de pessoas mortas pela ditadura. Entre aqueles que tinham entre 31 e 32 anos os percentuais de mortos continuaram altos (3,9% e 3,1%) respectivamente. Não Consta (11,2%).

Importante notar que mesmo tendo sido muito maior o percentual de jovens, a ditadura assassinou pessoas entre 15 e 79 anos.

Mortos e Desaparecidos Políticos
Nomes por locais de nascimento e de morte

Nome	Cidade nascimento	Cidade morte/ desaparecimento
ALAGOAS		
Gastone Lúcia de Carvalho Beltrão	Coruripe, AL	São Paulo, SP
Jayme Amorim de Miranda	Maceió, AL	Não consta
José Dalmo Guimarães Lins	Maceió, AL	Rio de Janeiro, RJ
José Gomes Teixeira	Maceió, AL	Rio de Janeiro, RJ
Luiz Almeida de Araújo	Anadia, AL	São Paulo, SP
Manoel Fiel Filho	Quebrângulo, AL	São Paulo, SP
Manoel Lisbôa de Moura	Maceió, AL	São Paulo, SP
Odijas Carvalho de Souza	Atalaia, AL	Recife, PE
Túlio Roberto Cardoso Quintiliano	Maceió, AL	Chile
AMAZONAS		
Antogildo Pascoal Viana	Itacoatiara, AM	Rio de Janeiro, RJ
Ari Lopes de Macedo	Manaus, AM	Brasília, DF
Thomaz Antônio da Silva Meirelles Netto	Parintins, AM	Rio de Janeiro, RJ
Wilson Souza Pinheiro	Januacá, AM	Brasileia, AC
BAHIA		
Aderval Alves Coqueiro	Aracatu, BA	Rio de Janeiro, RJ
Antônio Carlos Monteiro Teixeira	Ilhéus, BA	Base de S. Geraldo do Araguaia (PA) ou Cemitério de Xambioá (TO) - Incerto
Carlos Marighella	Salvador, BA	São Paulo, SP
Célio Augusto Guedes	Mucugê, BA	Rio de Janeiro, RJ
Dermeval da Silva Pereira	Salvador, BA	Marabá ou São Domingos do Araguaia, PA
Dinaelza Santana Coqueiro	Jequié, BA	São Geraldo - Marabá, PA
Dinalva Conceição Oliveira Teixeira	Castro Alves, BA	São Domingos do Araguaia e São Geraldo do Araguaia (PA) ou Xambioá (TO)
Esmeraldina Carvalho Cunha	Araci, BA	Salvador, BA
Inocêncio Pereira Alves	Feira de Santana, BA	Salvador, BA
Israel Tavares Roque	Nazaré, BA	Rio de Janeiro, RJ
João Carlos Cavalcanti Reis	Salvador, BA	São Paulo, SP
João Leonardo da Silva Rocha	Salvador, BA	Palmas de Monte Alto, BA
Joel Vasconcelos Santos	Nazaré, BA	Rio de Janeiro, RJ

Por trás das chamas

Nome	Cidade nascimento	Cidade morte/desaparecimento
Jorge Leal Gonçalves Pereira	Salvador, BA	Rio de Janeiro, RJ
José Campos Barreto	Brotas de Macaúbas, BA	Brotas de Macaúbas, BA
José Lima Piauhy Dourado - Ivo e José	Barreiras, BA	Há depoimento indicando Formiga (PA) como local de sepultamento
Luiz Antônio Santa Bárbara	Inhambupe, BA	Brotas de Macaúbas, BA
Mário Alves de Souza Vieira	Sento Sé, BA	Rio de Janeiro, RJ
Maurício Grabois - Mário.	Salvador, BA	Base do Mano Ferreira, próximo a Palestina (PA) ou Serra das Andorinhas, PA
Nelson Lima Piauhy Dourado - Nelito e Alexandre	Jacobina, BA	Base da Bacaba, Brejo Grande do Araguaia (PA), Castanhal Brasil-Espanha, São Domingos do Araguaia (PA) PA
Nilda Carvalho Cunha	Feira de Santana, BA	Salvador, BA
Otoniel Campos Barreto	Brotas de Macaúbas, BA	Brotas de Macaúbas, BA
Pedro Domiense de Oliveira	Salvador, BA	Salvador, BA
Péricles Gusmão Régis	Vitória da Conquista, BA	Vitória da Conquista, BA
Rosalindo Sousa - Mundico	Itaguassu, BA	Terras do João do Buraco ou Xambioá, TO
Sérgio Landulfo Furtado	Serrinha, BA	Rio de Janeiro, RJ
Stuart Edgar Angel Jones	Salvador, BA	Rio de Janeiro, RJ
Uirassu de Assis Batista - Valdir	Itapicuru, BA	São Domingos do Araguaia, PA
Vandick Reidner Pereira Coqueiro - João do B	Boa Nova, BA	Embaubal, PA
Vitorino Alves Moitinho	Poções, BA	Rio de Janeiro, RJ
Walter Ribeiro Novaes	Não consta, BA	Rio de Janeiro, RJ
CEARÁ		
Antonio Teodoro de Castro	Itapipoca, CE	Brejo Grande do Araguaia, PA
Bergson Gurjão Farias	Fortaleza, CE	Cachimbeiros ou Caianos ou Xambioá, TO
Custódio Saraiva Neto	Fortaleza, CE	Xambioá, TO
David Capistrano da Costa	Boa Viagem, CE	Não consta
Jana Moroni Barroso	Fortaleza, CE	Grota da Sônia/Base da Bacaba, Brejo Grande do Araguaia (PA)/ Xambioá (TO) - Incerto
José Fernandes de Menezes	Missão Velha, CE	Brasília, DF
José Maria Ferreira Araújo	Fortaleza, CE	São Paulo, SP
José Mendes de Sá Roriz	Crato, CE	Rio de Janeiro, RJ
José Montenegro de Lima	Itapipoca, CE	São Paulo, SP
José Nobre Parente	Quixeramobim, CE	Fortaleza, CE
Lourenço Camelo de Mesquita	Não consta, CE	Rio de Janeiro, RJ
Pedro Jerônimo de Souza	Aracati, CE	Fortaleza, CE

Nome	Cidade nascimento	Cidade morte/desaparecimento
Raimundo Nonato Paz - Nicolau 21	Canindé, CE	Canindé, CE
Tito de Alencar Lima	Fortaleza, CE	Convento Sainte-Marie de la Tourette, França

ESPÍRITO SANTO

Nome	Cidade nascimento	Cidade morte/desaparecimento
Antônio José dos Reis	Alegre, ES	Ipatinga, MG
Arildo Valadão	Itaici, ES	Grota do Pau Preto, Xambioá, TO
Hercules de Oliveira Soares	Muniz Freire, ES	Ipatinga, MG
João Gualberto Calatroni	Nova Venécia, ES	S. Domingos do Araguaia, PA
José Maurílio Patrício - Mané e Manoel do 'B'	Santa Tereza, ES	PA
Lincoln Bicalho Roque	São José do Calçado, ES	Rio de Janeiro, RJ
Marcos José de Lima - Zezinho	Nova Venécia, ES	Chega com Jeito, PA
Orlando da Silva Rosa Bonfim Júnior	Santa Tereza, ES	Rio de Janeiro, RJ

GOIÁS

Nome	Cidade nascimento	Cidade morte/desaparecimento
Cassimiro Luiz de Freitas	Catalão, GO	Pontalina, GO
Divino Ferreira de Souza	Caldas Novas, GO	Fazenda do Geraldo Martins, próxima a São Domingos do Araguaia (PA) ou Casa Azul, Marabá (PA)
Honestino Monteiro Guimarães	Itaberaí, GO	Rio de Janeiro, RJ
Ismael Silva de Jesus	Palmelo, GO	Goiânia, GO
James Allen Luz	Buriti Alegre, GO	Porto Alegre, RS
Ornalino Cândido da Silva	Pires do Rio, GO	Goiânia, GO
Paulo de Tarso Celestino da Silva	Morrinhos, GO	Rio de Janeiro, RJ

MARANHÃO

Nome	Cidade nascimento	Cidade morte/desaparecimento
Antônio Raymundo de Lucena	Colina, MA	Atibaia, SP
Epaminondas Gomes de Oliveira	Pastos Bons, MA	Brasília, DF
Grenaldo de Jesus da Silva	São Luís, MA	São Paulo, SP
Ruy Frasão Soares	São Luiz, MA	Petrolina, PE
Sebastião Vieira da Silva	Caxias, MA	S. Félix, distrito de Marabá, PA

MINAS GERAIS

Nome	Cidade nascimento	Cidade morte/desaparecimento
Abelardo Rausch de Alcântara	Teófilo Otoni, MG	Brasília, DF
Adriano Fonseca Filho (Chico)	Ponte Nova, MG	Não consta, PA
Aides Dias de Carvalho	Aimorés, MG	Ipatinga, MG
Alberto Aleixo	Belo Horizonte, MG	Rio de Janeiro, RJ
Alcides João da Silva	Barbacena, MG	Barra Mansa, RJ
Alvino Ferreira Felipe	Ferros, MG	Ipatinga, MG
Ângelo Pezzuti da Silva	Araxá, MG	Paris, França

Por trás das chamas

Nome	Cidade nascimento	Cidade morte/desaparecimento
Antônio Carlos Bicalho Lana	Ouro Preto, MG	São Paulo, SP
Antonio dos Três Reis de Oliveira	Tiros, MG	São Paulo, SP
Antônio Joaquim de Souza Machado	Papagaios, MG	Rio de Janeiro, RJ
Arnaldo Cardoso Rocha	Belo Horizonte, MG	São Paulo, SP
Augusto Soares da Cunha	Gov. Valadares, MG	Gov. Valadares, MG
Áurea Eliza Pereira	Monte Belo, MG	Xambioá (TO) ou Marabá (PA)
Benedito Gonçalves	Carmo da Mata, MG	Divinópolis, MG
Carlos Alberto Soares de Freitas	Belo Horizonte, MG	Rio de Janeiro, RJ
Carlos Schirmer	Além Paraíba, MG	Divinópolis, MG
Ciro Flávio Salazar de Oliveira	Araguari, MG	Não consta
Daniel José de Carvalho	Muriaé, MG	Foz do Iguaçu, PR
David de Souza Meira	Nanuque, MG	Rio de Janeiro, RJ
Devanir José de Carvalho	Muriaé, MG	São Paulo, SP
Eduardo Antônio da Fonseca	Belo Horizonte, MG	São Paulo, SP
Eduardo Collen Leite	Campo Belo, MG	Guarujá, SP
Elson Costa	Prata, MG	São Paulo, SP
Feliciano Eugênio Neto	Dom Silvério, MG	São Paulo, SP
Flavio Ferreira da Silva	Pirapora, MG	Belo Horizonte, MG
Geraldo Bernardo da Silva	Não consta, MG	Rio de Janeiro, RJ
Geraldo da Rocha Gualberto	Braúnas, MG	Ipatinga, MG
Gerosina Silva Pereira	S. Pedro de Jequitinhonha, MG	Lund, Suécia
Getúlio de Oliveira Cabral	Espera Feliz, MG	Rio de Janeiro, RJ
Gildo Macedo Lacerda	Ituiutaba, MG	Recife, PE
Helber José Gomes Goulart	Mariana, MG	São Paulo, SP
Hélcio Pereira Fortes	Ouro Preto, MG	São Paulo, SP
Idalísio Soares Aranha Filho	Rubim, MG	Região de Peri/casa de Peri, Grota Vermelha ou Região de Perdidos ou Marabá (PA)
Itair José Veloso	Faria Lemos, MG	Rio de Janeiro, RJ
Ivan Mota Dias	Passa Quatro, MG	Rio de Janeiro, RJ
Jeová Assis Gomes	Araxá, MG	Guaraí, TO
João Batista Franco Drumond	Varginha, MG	São Paulo, SP
João Bosco Penido Burnier	Juiz de Fora, MG	Ribeirão Cascalheira (MT) ou Goiânia (GO)
João Fortunato Vidigal	Mariana, MG	Não consta
João José Rodrigues	Abaeté, MG	Dourados, MS
Joel José de Carvalho	Muriaé, MG	Foz do Iguaçu, PR
José Isabel do Nascimento	Antônio Dias, MG	Ipatinga, MG

Nome	Cidade nascimento	Cidade morte/ desaparecimento
José Júlio de Araújo	Itapecirica, MG	São Paulo, SP
José Maximino de Andrade Neto	Três Corações, MG	Campinas, SP
José Toledo de Oliveira - Vítor	Uberlândia, MG	Base de São Geraldo do Araguaia (PA) ou Cemitério de Xambioá (TO) Incerto
Juares Guimarães de Brito	Belo Horizonte, MG	Rio de Janeiro, RJ
Lucimar Brandão Guimarães	Lambari, MG	Belo Horizonte, MG
Maria Auxiliadora Lara Barcellos	Antonio Dias, MG	Berlim Ocidental, Alemanha
Nativo da Natividade de Oliveira	Perobas, MG	Carmo do Rio Verde, GO
Nelson José de Almeida	Mendes Pimentel, MG	Teófilo Otoni, MG
Orocílio Martins Gonçalves	Sete Lagoas, MG	Belo Horizonte, MG
Nome	**Cidade nascimento**	**Cidade morte/ desaparecimento**
Osvaldo Orlando da Costa	Passa Quatro, MG	Saranzal, perto de S. Domingos (PA), Xambioá (TO) ou Brasília (DF) - Incerto
Otávio Soares Ferreira da Cunha	Pinhuí, MG	Governador Valadares, MG
Paulo Costa Ribeiro Bastos	Juiz de Fora, MG	Rio de Janeiro, RJ
Paulo Roberto Pereira Marques - Amauri	Pains, MG	A 5 ou 6 km da Base do Mano Ferreira, próximo a Palestina (PA) ou perto do rio Saranzal (PA)
Pedro Alexandrino Oliveira Filho - Peri.	Belo Horizonte, MG	Palestina (PA) ou Xambioá (TO)
Pedro Paulo Bretas	Dores de Guanhães, MG	Não consta
Raimundo Eduardo da Silva	Formiga, MG	São Paulo, SP
Raimundo Gonçalves de Figueiredo	Curvelo, MG	Recife, PE
Rodolfo de Carvalho Troiano - Manoel do A	Juiz de Fora, MG	Tabocão, Brejo das Pacas ou nas redondezas da estrada de São Domingos, PA
Sebastião Tomé da Silva	Guanhães, MG	Ipatinga, MG
Walquíria Afonso Costa - Walk	Uberaba, MG	Xambioá, TO
Walter de Souza Ribeiro	Teófilo Otoni, MG	São Paulo, SP
Zuleika Angel Jones	Curvelo, MG	Rio de Janeiro, RJ
Jane Vanini	Cárceres, MT	Concepción, Chile
Merival Araújo	Alto Paraguai, MT	Rio de Janeiro, RJ

PARÁ

Antônio Alfredo de Lima	Não consta, PA	São Domingos do Araguaia ou Marabá, PA
Benedito Pereira Serra	Bragança, PA	Belém, PA
Edson Luiz Lima Souto	Belém, PA	Rio de Janeiro, RJ
Eiraldo de Palha Freire	Belém, PA	Rio de Janeiro, RJ
Joaquim Alencar de Seixas	Bragança, PA	São Paulo, SP

Por trás das chamas

Nome	Cidade nascimento	Cidade morte/desaparecimento
Lourival Moura Paulino - Paulino	Belém, PA	Xambioá, TO
Manoel Raimundo Soares	Belém, PA	Porto Alegre, RS
Míriam Lopes Verbena	Irituia-Guamá, PA	Caruaru, PE
Pedro Ventura Felipe de Araújo Pomar	Óbidos, PA	São Paulo, SP
Raimundo Ferreira Lima	Marabá, PA	Araguaína, TO

PARAÍBA

Nome	Cidade nascimento	Cidade morte/desaparecimento
Adauto Freire da Cruz	Bananeiras, PB	Teresópolis, RJ
Ezequias Bezerra da Rocha	João Pessoa, PB	São Paulo, SP
Francisco Alves Cabral	Campina Grande, PB	Curitiba, PR
Francisco das Chagas Pereira	Sumé, PB	Não consta
Humberto Albuquerque Câmara Neto	Campina Grande, PB	Rio de Janeiro, RJ
João Alfredo Dias	Sapé, PB	João Pessoa, PB
João Pedro Teixeira	Guarabira, PB	Café do Vento e Sapé, PB
João Roberto Borges de Souza	João Pessoa, PB	Catolé do Rocha, PB
José Feliciano da Silva	Campina Grande, PB	Mari, PB
Luis Alberto Andrade de Sá e Benevides	João Pessoa, PB	Caruaru, PE
Marco Antônio da Silva Lima	João Pessoa, PB	Rio de Janeiro, RJ
Margarida Maria Alves	Alagoa Grande, PB	Alagoa Grande, PB
Pedro Inácio de Araújo	Itabaiana, PB	João Pessoa, PB
Severino Elias de Mello	Espirito Santo, PB	Rio de Janeiro, RJ
Umberto de Albuquerque Câmara Neto	Campina Grande, PB	Rio de Janeiro, RJ

PERNAMBUCO

Nome	Cidade nascimento	Cidade morte/desaparecimento
Afonso Henrique Martins Saldanha	Olinda, PE	Rio de Janeiro, RJ
Albertino José de Farias	Escada, PE	Vitória de Santo Antão, PE
Albertino José de Oliveira	Vitória de Sto. Antão, PE	Engenho São José, PE
Almir Custódio de Lima	Recife, PE	Rio de Janeiro, RJ
Amaro Felix Pereira	Rio Formoso, PE	Rio Formoso, PE
Amaro Luís de Carvalho	Joaquim Nabuco, PE	Recife, PE
Antônio Bem Cardoso	Serrita, PE	Jati, CE
Antonio Ferreira Pinto	Lagoa dos Gatos, PE	Sudoeste do PA
Antonio Henrique Pereira Neto	Recife, PE	Recife, PE
Diógenes de Arruda Câmara	Afogados da Ingazeira, PE	São Paulo, SP
Edgar de Aquino Duarte	Bom Jardim, PE	São Paulo, SP
Eduardo Collier Filho	Recife, PE	Rio de Janeiro, RJ
Eudaldo Gomes da Silva	Bom Conselho, PE	Paulista/Abreu e Lima, PE
Fernando Augusto de Santa Cruz Oliveira	Recife, PE	Rio de Janeiro, RJ
Ivan Rocha Aguiar	Triunfo, PE	Recife, PE

Nome	Cidade nascimento	Cidade morte/desaparecimento
Jarbas Pereira Marques	Recife, PE	Abreu e Lima, PE
João Batista Nunes Machado	Não consta, PE	Não consta
João Lucas Alves	Canhotinho, PE	Belo Horizonte, MG
João Massena Melo	Água Preta - Palmares, PE	São Paulo, SP
Jonas José de Albuquerque Barros	Recife, PE	Recife, PE
José Alves da Rocha	São Bento, PE	São Paulo, SP
José Bartolomeu Rodrigues de Souza	Canhotinho, PE	Rio de Janeiro, RJ
José Inocêncio Barreto	Escada, PE	Escada, PE
José Manoel da Silva	Toritama, PE	Paulista, PE
José Milton Barbosa	Bonito, PE	São Paulo, SP
José Raimundo Costa	Recife, PE	Rio de Janeiro, RJ
Lourdes Maria Wanderley Pontes	Olinda, PE	Rio de Janeiro, RJ
Luiz José da Cunha	Recife, PE	São Paulo, SP
Manoel Aleixo da Silva	S. Lourenço da Mata, PE	Ribeirão, PE
Manoel Bezerra Sobrinho	Águas Belas, PE	Águas Belas, PE
Mariano Joaquim da Silva	Timbaúba dos Mocós, PE	Rio de Janeiro, RJ
Miguel Pereira dos Santos - Cazuza	Recife, PE	Não consta, PA
Newton Eduardo de Oliveira	Recife, PE	Rio de Janeiro, RJ
Ramires Maranhão do Valle	Recife, PE	Rio de Janeiro, RJ
Ranúsia Alves Rodrigues	Garanhuns, PE	Rio de Janeiro, RJ
Severino Viana Colou	Caruaru, PE	Rio de Janeiro, RJ

PIAUÍ

Antônio de Araújo Veloso	Bertulina, PI	São João do Araguaia, PA
Antônio de Pádua Costa	Luís Correia, PI	Base Militar da Bacaba, PA
Luiz Vieira - Luizinho	Terezina, PI	S. Domingos do Araguaia, PA

PARANÁ

João Domingos da Silva	Sertanópolis, PR	São Paulo, SP
José Idésio Brianezi	Londrina, PR	São Paulo, SP

RIO DE JANEIRO

Aldo de Sá Brito Souza Neto	Rio de Janeiro, RJ	Belo Horizonte, MG
Alex de Paula Xavier Pereira	Rio de Janeiro, RJ	São Paulo, SP
Ana Maria Nacinovic Corrêa	Rio de Janeiro, RJ	São Paulo, SP
André Grabois	Rio de Janeiro, RJ	S. Domingos do Araguaia, PA
Antônio Marcos Pinto de Oliveira	Rio de Janeiro, RJ	Rio de Janeiro, RJ
Antônio Sérgio de Mattos	Rio de Janeiro, RJ	São Paulo, SP
Armando Teixeira Fructuoso	Rio de Janeiro, RJ	Rio de Janeiro, RJ

Por trás das chamas

Nome	Cidade nascimento	Cidade morte/desaparecimento
Caiupy Alves de Castro	Rio de Janeiro, RJ	Rio de Janeiro, RJ
Carlos Lamarca	Rio de Janeiro, RJ	Ipupiara, BA
Carlos Nicolau Danielli	Niterói, RJ	São Paulo, SP
Cloves Dias de Amorim	Rio de Janeiro, RJ	Rio de Janeiro, RJ
Daniel Ribeiro Callado	São Gonçalo, RJ	Xambioá, TO
Elmo Corrêa	Rio de Janeiro, RJ	Palestina, PA
Félix Escobar	Miracema, RJ	Rio de Janeiro, RJ
Fernando Augusto da Fonseca	Rio de Janeiro, RJ	Rio de Janeiro, RJ
Fernando da Silva Lembo	Rio de Janeiro, RJ	Rio de Janeiro, RJ
Flávio Carvalho Molina	Rio de Janeiro, RJ	São Paulo, SP
Francisco Tenório Cerqueira Júnior	Rio de Janeiro, RJ	Buenos Aires, Argentina
Gerson Theodoro de Oliveira	Rio de Janeiro, RJ	Rio de Janeiro, RJ
Guilherme Gomes Lund	Rio de Janeiro, RJ	Palestina, MG
Gustavo Buarque Schilller	Rio de Janeiro, RJ	Rio de Janeiro, RJ
Hamilton Pereira Damasceno	Miracema, RJ	Rio de Janeiro, RJ
Hélio Luiz Navarro de Magalhães	Rio de Janeiro, RJ	Bacaba ou Casa Azul - Marabá, PA
Iêda Santos Delgado	Rio de Janeiro, RJ	São Paulo, SP
Iris Amaral	Rio de Janeiro, RJ	Rio de Janeiro, RJ
Iuri Xavier Pereira	Rio de Janeiro, RJ	São Paulo, SP
João Mendes Araújo	Rio de Janeiro ou Bom Jardim, RJ ou PE	Olinda, PE
Joelson Crispim	Rio de Janeiro, RJ	São Paulo, SP
Jorge Aprígio de Paula	Rio de Janeiro, RJ	Rio de Janeiro, RJ
José Carlos Novaes da Mata Machado	Rio de Janeiro, RJ	Recife PE
José Roberto Spiegner	Rio de Janeiro, RJ	Rio de Janeiro, RJ
Kleber Lemos da Silva - Quelé e Carlito	Rio de Janeiro, RJ	Abóbora, PA
Lincoln Cordeiro Oest	Rio de Janeiro, RJ	Rio de Janeiro, RJ
Lúcia Maria de Souza - Sônia.	São Gonçalo, RJ	Grota da Borracheira ou Grota da Água Fria, ao sul da Metade (PA)
Luiz Carlos Augusto	Rio de Janeiro, RJ	Rio de Janeiro, RJ
Luiz Paulo da Cruz Nunes	Rio de Janeiro, RJ	Rio de Janeiro, RJ
Luiz Renê Silveira e Silva - Duda	Rio de Janeiro, RJ	Base da Bacaba, Brejo Grande do Araguaia (PA) ou na localidade do Chega com Jeito, PA
Lyda Monteiro da Silva	Niterói, RJ	Rio de Janeiro, RJ
Manoel Rodrigues Ferreira	Rio de Janeiro, RJ	Rio de Janeiro, RJ
Marcos Antônio Braz de Carvalho	Angra dos Reis, RJ	São Paulo, SP
Marcos Nonato da Fonseca	Rio de Janeiro, RJ	São Paulo, SP

Nome	Cidade nascimento	Cidade morte/ desaparecimento
Maria Célia Corrêa - Rosa	Rio de Janeiro, RJ	São Domingos do Araguaia (PA) /Base Militar da Bacaba (PA)
Maria Regina Lobo Leite Figueiredo	Rio de Janeiro, RJ	Rio de Janeiro, RJ
Marilena Villas Boas Pinto	Rio de Janeiro, RJ	Rio de Janeiro, RJ
Mário de Souza Prata	Canta Galo, RJ	Rio de Janeiro, RJ
Neide Alves dos Santos	Rio de Janeiro, RJ	São Paulo, SP
Paulo César Botelho Massa	Rio de Janeiro, RJ	Rio de Janeiro, RJ
Paulo Guerra Tavares	Sapucaia, RJ	São Paulo, SP
Paulo Torres Gonçalves	Rio de Janeiro, RJ	Rio de Janeiro, RJ
Raul Amaro Nin Ferreira	Rio de Janeiro, RJ	Rio de Janeiro, RJ
Reinaldo Silveira Pimenta	Niterói, RJ	Rio de Janeiro, RJ
Roberto Rascado Rodriguez	Rio de Janeiro, RJ	Buenos Aires, Argentina
Sérgio Fernando Tula Silberberg	Rio de janeiro, RJ	Buenos Aires, Argentina
Telma Regina Cordeiro Corrêa - Lia	Rio de Janeiro, RJ	Xambioá, TO
Tobias Pereira Júnior - Josias	Rio de Janeiro, RJ	São Raimundo (PA) ou Base de Xambioá (TO) - Incerto
Valdir Salles Sabóia	Rio de Janeiro, RJ	Rio de Janeiro, RJ
Aldo de Sá Brito Souza Neto	Rio de Janeiro, RJ	Belo Horizonte, MG
Alex de Paula Xavier Pereira	Rio de Janeiro, RJ	São Paulo, SP
RIO GRANDE DO NORTE		
Agricio Barreto de Queiroz	Ceará-Mirim, RN	Não consta
Anatália de Souza Melo Alves	Frutuoso Gomes, RN	Recife, PE
Djalma Carvalho Maranhão	Natal, RN	Não consta
Edson Neves Quaresma	Apodi, RN	São Paulo, SP
Emmanuel Bezerra dos Santos	S. Bento do Norte, RN	São Paulo, SP
Gerardo Magela Fernandes Torres da Costa	Caicó, RN	São Paulo, SP
Hiran de Lima Pereira	Caicó, RN	São Paulo, SP
José Silton Pinheiro	São José de Mipibu, RN	Rio de Janeiro, RJ
Lígia Maria Salgado Nóbrega	Natal, RN	Rio de Janeiro, RJ
Luíz Ignácio Maranhão Filho	Natal, RN	São Paulo, SP
Luiz Gonzaga dos Santos	Natal, RN	Recife PE
Sebastião Gomes dos Santos	Não consta, RN	Cachoeiras de Macau, RJ
Virgílio Gomes da Silva	Sítio Novo, Sta. Cruz, RN	São Paulo, SP
Zoé Lucas de Brito Filho	São João do Sabugi, RN	São Paulo, SP
RIO GRANDE DO SUL		
Alceri Maria Gomes da Silva	Cachoeira do Sul, RS	São Paulo, SP
Alfeu de Alcântara Monteiro	Itaqui, RS	Porto Alegre, RS
Alvino Hagel	Porto Alegre, RS	São Paulo, SP

Por trás das chamas

Nome	Cidade nascimento	Cidade morte/ desaparecimento
Angelina Gonçalves	Rio Grande, RS	Rio Grande, RS
Ângelo Cardoso da Silva	Sto. Antonio da Patrulha, RS	Porto Alegre, RS
Antônio Expedito Carvalho Perera	Itaqui, RS	Não consta, Itália
Ary Abreu Lima da Rosa	Porto Alegre, RS	Canoas, RS
Avelmar Moreira de Barros	Viamão, RS	Porto Alegre, RS
Carlos Lima Aveline	Rio Pardo, RS	Não consta, BA
Celso Gilberto de Oliveira	Porto Alegre, RS	Rio de Janeiro, RJ
Cilon Cunha Brum	São Sepé, RS	Xambioá, TO
Darcy José dos Santos Mariante	Caxias do Sul, RS	Porto Alegre, RS
Edu Barreto Leite	Dom Pedrito, RS	Rio de Janeiro, RJ
Elvaristo Alves da Silva	Ibirama, RS	Santa Rosa, RS
Evaldo Luiz Ferreira de Souza	Pelotas, RS	Olinda ou Paulista ou Abreu e Lima PE
Iguatemi Zuchi Teixeira	Marcelino Ramos, RS	Francisco Beltrão PR
Jayme Araujo	Cachoeira do Sul, RS	Montevideu, Uruguai
João Carlos Haas Sobrinho	São Leopoldo, RS	Xambioá, TO
João de Carvalho Barros	São Borja, RS	Belo Horizonte, MG
Joaquim Pires Cerveira	Pelotas, RS	Buenos Aires, Argentina
José Humberto Bronca - Zeca e Fogoió.	Porto Alegre, RS	Brejo Gde. do Araguaia, PA
José Soares dos Santos	Campo Novo, RS	Foz do Iguaçu, PR
Leopoldo Chiapetti	Garibaldi, RS	Erechim, RS
Luiz Renato Pires de Almeida	Formigueiro, S. Sepé, RS	Yaycurá, Bolívia
Manoel Custódio Martins	Rio Grande, RS	Santiago do Chile
Milton Soares de Castro	Santa Maria, RS	Juiz de Fora, MG
Nilton Rosa da Silva	Cachoeira do Sul, RS	Santiago do Chile
Onofre Ilha Dornelles	São Pedro do Sul, RS	Santa Maria, RS
Paulo Mendes Rodrigues - Paulo	Cruz Alta, RS	5 ou 6 km da Base do Mano Ferreira, próximo a Palestina (PA)
Silvano Soares dos Santos	Três Passos, RS	Humaitá, RS
Sônia Maria de Moraes Angel Jones	Santiago do Boqueirão, RS	São Paulo, SP
Zelmo Bosa	Ronda Alta, RS	Não consta, RS

SANTA CATARINA

Arno Preis	Forquilhinha, SC	Paraíso do Norte (GO), hoje TO
Divo Fernandes D'Oliveira	Tubarão, SC	Rio de Janeiro, RJ
Frederico Eduardo Mayr	Timbó, SC	São Paulo, SP
Hamilton Fernando Cunha	Florianópolis, SC	São Paulo, SP
Higino João Pio	Itapema, SC	Florianópolis, SC
João Batista Rita	Braço Gde. do Norte, SC	Buenos Aires, Argentina

Nome	Cidade nascimento	Cidade morte/desaparecimento
Luiz Eurico Tejera Lisbôa	Porto União, SC	São Paulo, SP
Paulo Stuart Wright	Joaçaba, SC	São Paulo, SP
Rui Osvaldo Aguiar Pfútzenreuter	Orleans, SC	São Paulo, SP
Wânio José de Mattos	Piratuba, SC	Santiago do Chile

SERGIPE

Nome	Cidade nascimento	Cidade morte/desaparecimento
José Carlos da Costa	Estância, SE	Belém, PA
Lucindo Costa	Laranjeiras, SE	Curitiba, PR
Manoel Alves de Oliveira	Aquidabã, SE	Rio de Janeiro, RJ
Therezinha Viana de Assis	Aracaju, SE	Amsterdã, Holanda

SÃO PAULO

Nome	Cidade nascimento	Cidade morte/desaparecimento
Abílio Clemente Filho	São Paulo, SP	Santos, SP
Alexandre Vannucchi Leme	Sorocaba, SP	São Paulo, SP
Aluízio Palhano Pedreira Ferreira	Pirajuí, SP	São Paulo, SP
Ana Rosa Kucinski Silva	São Paulo, SP	São Paulo, SP
Ângelo Arroyo	São Paulo, SP	São Paulo, SP
Antônio Carlos Nogueira Cabral	São Paulo, SP	Rio de Janeiro, RJ
Antonio Guilherme Ribeiro Ribas	São Paulo, SP	Grota do Nascimento, PA
Antônio Hernandes	Limeira, SP	Não consta
Aurora Maria Nascimento Furtado	São Paulo, SP	Rio de Janeiro, RJ
Aylton Adalberto Mortati	Catanduva, SP	São Paulo, SP
Boanerges de Souza Massa	Avaré, SP	Pindorama, TO
Carlos Eduardo Pires Fleury	São Paulo, SP	Rio de Janeiro, RJ
Carlos Roberto Zanirato	Ourinhos, SP	São Paulo, SP
Carmem Jacomini	Campinas, SP	Aix-en-Provence, França
Catarina Helena Abi Eçab	São Paulo, SP	Vassouras, RJ
Chael Charles Schreier	São Paulo, SP	Rio de Janeiro, RJ
Dênis Casemiro	Votuporanga, SP	São Paulo, SP
Dimas Antônio Casemiro	Votuporanga, SP	São Paulo, SP
Dorival Ferreira	Osasco, SP	Osasco, SP
Edmur Péricles Camargo	São Paulo, SP	Buenos Aires, Argentina
Eremias Delizoicov	São Paulo, SP	Rio de Janeiro, RJ
Fernando Borges de Paula Ferreira	São Paulo, SP	São Paulo, SP
Francisco Emanuel Penteado	Taquaritinga, SP	São Paulo, SP
Francisco José de Oliveira	Cabrália Paulista, SP	São Paulo, SP
Francisco Seiko Okama	São Carlos, SP	São Paulo, SP
Gelson Reicher	São Paulo, SP	São Paulo, SP
Gilberto Olímpio Maria	Mirassol, SP	Palestina, MG

Por trás das chamas

Nome	Cidade nascimento	Cidade morte/ desaparecimento
Helenira Resende de Souza Nazareth	Cerqueira César, SP	Castanhal do Mano Ferreira/ Região do Alvo/ São José/Oito Barracas, Sudeste do Pará (PA)
Heleny Ferreira Telles Guariba	Bebedouro, SP	Rio de Janeiro, RJ
Henrique Cintra Ferreira de Ornellas	Itapira, SP	Brasília, DF
Hiroaki Torigoe	Lins, SP	São Paulo, SP
Iara Iavelberg	São Paulo, SP	Salvador, BA
Ishiro Nagami (está na CNV)	São Paulo, SP	São Paulo, SP
Izis Dias de Oliveira	São Paulo, SP	Rio de Janeiro, RJ
Iss ami Nakamura Okano	Cravinhos, SP	São Paulo, SP
Jaime Petit da Silva	Iacanga, SP	Caianos (PA) ou Grota do Nascimento PA
João Antônio Santos Abi Eçab	São Paulo, SP	Vassouras, RJ
Joaquim Câmara Ferreira	São Paulo, SP	São Paulo, SP
José Ferreira de Almeida	Piracaia, SP	São Paulo, SP
José Guimarães	São Paulo, SP	São Paulo, SP
José Pinheiro Jobim	Ibitinga, SP	Rio de Janeiro, RJ
José Lavéchia	São Paulo, SP	Foz do Iguaçu, PR
José Roberto Arantes de Almeida	Pirajuí, SP	São Paulo, SP
José Roman	São Paulo, SP	Não consta
José Wilson Lessa Sabag	São Paulo, SP	São Paulo, SP
Lauriberto José Reyes	São Carlos, SP	São Paulo, SP
Lúcio Petit da Silva - Beto	Piratininga, SP	Não consta
Luiz Hirata	Guaiçara, SP	São Paulo, SP
Luisa Augusta Garlippe - Tuca	Araraquara, SP	Marabá, PA
Luiz Eduardo da Rocha Merlino	Santos, SP	São Paulo, SP
Luiz Fogaça Balboni	Itapetininga, SP	São Paulo, SP
Luiz Guilhardini	Santos, SP	Rio de Janeiro, RJ
Luiz Renato do Lago Faria	São Paulo, SP	Buenos Aires, Argentina
Manuel José Nurchis - Gil	São Paulo, SP	Xambioá, GO
Márcio Beck Machado	São Paulo, SP	Rio Verde, GO
Marco Antônio Dias Batista	Sorocaba, SP	Não consta
Maria Augusta Thomaz	Leme, SP	Rio Verde, GO
Maria Lúcia Petit da Silva - Maria	Agudos, SP	Pau Preto, PA
Maria Regina Marcondes Pinto	Cruzeiro, SP	Buenos Aires, Argentina
Massafumi Yoshinaga	Paraguaçu Paulista, SP	São Paulo, SP
Maurício Guilherme da Silveira	Itaipava, SP	Rio de Janeiro, RJ
Napoleão Felipe Biscaldi	São Paulo, SP	São Paulo, SP
Nelson de Souza Kohl	Marília, SP	Chile
Nestor Vera	Ribeirão Preto, SP	Belo Horizonte, MG

Nome	Cidade nascimento	Cidade morte/desaparecimento
Norberto Nehring	São Paulo, SP	São Paulo, SP
Odair José Brunocilla	São Paulo, SP	Santos, SP
Olavo Hanssen	São Paulo, SP	São Paulo, SP
Onofre Pinto	Jucupiranga, SP	Foz do Iguaçu, PR
Orlando Momente - Landim e Landinho	Rio Claro, SP	S. Domingos do Araguaia, PA
Roberto Cietto	Pederneiras, SP	Rio de Janeiro, RJ
Roberto Macarini	São Paulo, SP	São Paulo, SP
Ronaldo Mouth Queiróz	São Paulo, SP	São Paulo, SP
Rubens Beyrodt Paiva	Santos, SP	Rio de Janeiro, RJ
Ruy Carlos Vieira Berbert	Regente Feijó, SP	Natividade, TO
Santo Dias da Silva	Terra Roxa, SP	São Paulo, SP
Sérgio Roberto Corrêa	Mogi das Cruzes, SP	São Paulo, SP
Sidney Fix Marques dos Santos	São Paulo, SP	Buenos Aires, Argentina
Solange Lourenço Gomes	Campinas, SP	Rio de Janeiro, RJ
Suely Yumiko Kamaiama - Sueli e Chica	Coronel Macedo, SP	A cinco ou seis quilômetros da Base do Mano Ferreira, Palestina (PA), Base da Bacaba, Brejo Grande do Araguaia (PA) ou em Xambioá (TO) - Incerto
Vitor Carlos Ramos	Santos, SP	Parque Nacional do Iguaçu, Foz do Iguaçu, PR
Wilson Silva	São Paulo, SP	São Paulo, SP
Yoshitane Fugimori	Mirandópolis, SP	São Paulo, SP

TOCANTINS

Nome	Cidade nascimento	Cidade morte/desaparecimento
Durvalino Porfírio de Souza	Pedro Afonso, TO	Goiânia, GO
José Porfírio de Souza	Pedro Afonso, TO	Goiânia, GO
Alexandre Soares de Oliveira	Não consta	Bodocó, PE
Antonio Alfredo Campos	Não consta	São Domingos do Araguaia, PA
Antônio Carlos Silveira Alves	Não consta	Não consta
Ari de Oliveira Mendes Cunha	Não consta	Rio de Janeiro, RJ
Batista	Não consta	Xambioá, TO
Bernardino Saraiva	Não consta	São Leopoldo, RS
Carlos Augusto Barroso	Não consta	Volta Redonda, RJ
Dario Gilberto Goñi Martinez	Não consta	Paraguai
Eduardo Gonzalo Escabosa	Não consta	Foz do Iguaçu, PR ou Misiones, Argentina - Incerto
Eduardo Licarião de Sá Roriz	Não consta	Não consta
Eliane Martins	Não consta	Ipatinga, MG

Por trás das chamas

Nome	Cidade nascimento	Cidade morte/desaparecimento
Francisco Manoel Chaves	Não consta	Base de São Geraldo do Araguaia (PA) ou Cemitério de Xambioá (TO) - Incerto
Gilson Miranda	Não consta	Ipatinga, MG
Guido Leão	Não consta	Betim, MG
Helio Zanir Sanchotene Trindade	Não consta	Alegrete, RS
Jayme Goifmam	Não consta	Não consta
Joana Lucia Silva Santos	Não consta	Não consta
João Bispo dos Santos	Não consta	Nova Iguaçu, RJ
João Ferreira de Macedo Sobrinho	Não consta	Não consta
João Gomes da Silva	Não consta	Não consta
João Pereira da Silva	Não consta	Não consta
Joaquinzão	Não consta	Não consta
Jones Borges do Nascimento	Não consta	Não consta
José Antônio da Conceição	Não consta	Brasília, DF
José Arruda Alencar	Não consta	Luiziânia, GO
José de Oliveira	Não consta	Não consta
José de Souza	Não consta	Rio de Janeiro, RJ
José Sabino	Não consta	Rio de Janeiro, RJ
Juarez Rodrigues Coelho	Não consta	Patrimônio, localidade situada entre o sudeste do Pará e o norte de Goiás - Incerto
Luiz Affonso Miranda da Costa Rodrigues	Não consta	Rio de Janeiro, RJ
Luiz Carlos de Almeida	Não consta	Chile
Luiz Mario Reynolds	Não consta	Não consta
Maria Ângela Ribeiro	Não consta	Rio de Janeiro, RJ
Mário Renniê Entrala	Não consta	Não consta
Miguel Joaquim de Carvalho	Não consta	Tenente Portela, RS
Nelson Corrêa de Oliveira	Não consta	Petrópolis, RJ
Osório Rodrigues da Silva	Não consta	Não consta
Paschoal Souza Lima	Não consta	Governador Valadares, MG
Pedro Carretel - Carretel	Não consta	São Geraldo do Araguaia (PA) ou Base Militar da Bacaba (PA)
Raimundo de Santana Machado	Não consta	São Paulo, SP
Rodolfo Soares Pinheiro	Não consta	Não consta
Sabino Alves da Silva	Não consta	Não consta
Simão Pereira da Silva	Não consta	Não consta
Tércio Tavares de Melo	Não consta	Não consta
Vitor Luis Papandreu	Não consta	Não consta
Walter Kenneth Nelson Fleury	Não consta	Buenos Aires, Argentina
Wilton Ferreira	Não consta	Rio de Janeiro, RJ

Nascimento em outros países

Nome	Cidade nascimento	Cidade morte/desaparecimento
Alexander José Ibsen Voeróes	Santiago, Chile	São Paulo, SP
Antonio Benetazzo	Verona, Itália	São Paulo, SP
Antonio Luciano Pregoni	Córdoba, Argentina	Rio de Janeiro, RJ
Ary Cabrera Prates	Riviera, Uruguai	Buenos Aires, Argentina
David Eduardo Chab Tarab Baabour	Não consta, Argentina	Buenos Aires, Argentina
Enrique Ernesto Ruggia	Corrientes, Argentina	Foz do Iguaçu, PR
Horacio Domingo Campiglia	Buenos Aires, Argentina	Rio de Janeiro, RJ
Jean Henri Raya Ribard	Gourgeon, Haute-Saône França	Rio de Janeiro, RJ
Jorge Alberto Basso	Buenos Aires, Argentina	Buenos Aires, Argentina
Jorge Oscar Adur	Nogoyá, Argentina	Paso de los Libres-Uruguaiana Argentina
Juan Antonio Carrasco Forrastal	La Paz, Bolívia	Madri, Espanha
Juvelino Andrés Carneiro da Fontoura Goulart	Uruguai	Buenos Aires, Argentina
Labibe Elias Abduch	Síria	Rio de Janeiro, RJ
Libero Giancarlo Castiglia - Joca	San Lucido, Cosenza (Itália)	Palestina, PA
Liliana Inês Goldemberg	Buenos Aires, Argentina	Travessia entre o Porto Meira, em Foz do Iguaçu, e Puerto Iguazú, na Argentina
Lorenzo Ismael Viñas	Buenos Aires, Argentina	Entre os municípios de Paso de los Libres e Uruguaiana, fronteira entre Argentina e Brasil- Incerto
Manoel José Mendes Nunes de Abreu	Rossio ao Sul do Tejo, Portugal	São Paulo, SP
Marcos Basílio Arocena da Silva Guimarães	Montevideo, Uruguai	Buenos Aires, Argentina
Miguel Sabat Nuet	Barcelona, Espanha	São Paulo, SP
Mónica Suzana Pinus de Binstock	Buenos Aires, Argentina	Rio de Janeiro, RJ
Norberto Armando Habegger	Buenos Aires, Argentina	Rio de Janeiro, RJ
Pauline Philippe Reichstul	Praga - Tchecoslováquia	Paulista/Abreu Lima, PE
Roberto Adolfo Val Cazorla	Vedia, Província de Buenos Aires (Argentina)	La Plata - Argentina
Soledad Barrett Viedma	Laureles, Paraguai	Paulista/Abreu e Lima, PE
Vladimir Herzog	Osijek, Iugoslávia	São Paulo, SP

Por trás das chamas

Mortos e Desaparecidos Políticos
Nomes em ordem alfabética

Nome	Nascimento	Morte/Desap.	Organização Política*
Abelardo Rausch de Alcântara	05/08/1927	13/02/1970	Não consta
Abílio Clemente Filho	17/04/1949	10/04/1971	Movimento estudantil
Adauto Freire da Cruz	15/02/1924	13/05/1979	PCB
Aderval Alves Coqueiro	18/07/1937	06/02/1971	MRT
Adriano Fonseca Filho (Chico)	18/12/1945	28/11/1973 e 3/12/1973	PCdoB
Afonso Henrique Martins Saldanha	22/09/1918	08/12/1974	PCB
Aides Dias de Carvalho	00/00/0000	07/10/1963	Não consta
Agricio Barreto de Queiroz	11/04/1942	00/00/1982	AMFNB
Albertino José de Farias	06/01/1914	01/04/1964	Ligas Camponesas
Albertino José de Oliveira	00/00/0000	01/04/1964	Ligas Camponesas (Vitória de Santo Antão)

(*) Organizações políticas:
ALN – Ação Libertadora Nacional
AMFNB – Associação dos Marinheiros e Fuzileiros Navais do Brasil (antes de 1964)
AP – Ação Popular
APML – Ação Popular Marxista Leninista
Colina – Comando de Libertação Nacional
ELN – Ejército de Liberación Nacional
M3G – Marx, Mao, Marighella, Guevara
MAR – Movimento de Ação Revolucionária
Molipo – Movimento de Libertação Popular
MLN-T – Movimento de Libertação Nacional - Tupamaros
MCR – Movimento Comunista Revolucionário
MIR – Movimiento de Izquierda Revolucionária
MNR – Movimento Nacional Revolucionário
MR-26 – Movimento Revolucionário 26 de Março
MR-8 – Movimento Revolucionário 8 de Outubro
MRT – Movimento Revolucionário Tiradentes
MTR – Movimento Trabalhista Renovador
OCPO – Organización Comunista Poder Obrero
POLOP – Política Operária
POLOP – Organização Revolucionária Marxista – Política Operária
PCB – Partido Comunista Brasileiro
PCBR – Partido Comunista Brasileiro Revolucionário
PCdoB – Partido Comunista do Brasil
PCR – Partido Comunista Revolucionário
PCR/Uruguai – Partido Comunista Revolucionário
POC – Partido Operário Comunista
PORT –Partido Operário Revolucionário Trotskista
PSD – Partido Social Democrático
PT – Partido dos Trabalhadores
PTB – Partido Trabalhista Brasileiro
Rede – Resistência Democrática
ROE/PVP – Resistencia Obrero Estudanti/Partido por la Victoria del Pueblo
ULTAP – União dos Lavradores e rabalhadores Agrícolas do Pará
UES – Unión de Estudiantes Secundários
VAR-Palmares – Vanguarda Armada Revolucionária
VPR – Vanguarda Popular Revolucionária

Nome	Nascimento	Morte/Desap.	Organização Política
Alberto Aleixo	18/02/1903	07/08/1975	PCB
Alceri Maria Gomes da Silva	25/05/1943	17/05/1970	VPR
Alcides João da Silva	00/00/1916	28/03/1972	PCB
Aldo de Sá Brito Souza Neto	20/01/1951	07/01/1971	ALN
Alexander José Ibsen Voeróes	05/07/1952	27/02/1972	Molipo
Alexandre Soares de Oliveira	00/00/000	14/09/1969	PC do B
Alexandre Vannucchi Leme	05/10/1950	17/03/1973	ALN
Alex de Paula Xavier Pereira	09/08/1949	20/01/1972	ALN
Alfeu de Alcântara Monteiro	31/03/1922	04/04/1964	Não consta
Almir Custódio de Lima	24/05/1950	27/10/1973	PCBR
Aluízio Palhano Pedreira Ferreira	05/09/1922	09/05/1971	VPR
Alvino Ferreira Felipe	27/12/1921	07/10/1963	Movimento grevista - Usiminas
Alvino Hagel	02/09/1926	11/03/1966	PTB
Amaro Felix Pereira	15/05/1929	1971 ou 1972	PCR
Amaro Luís de Carvalho	04/06/1931	22/08/1971	Ligas Camponesas
Ana Maria Nacinovic Corrêa	25/03/1947	14/06/1972	ALN
Ana Rosa Kucinski Silva	12/01/1942	22/04/1974	ALN
Anatália de Souza Melo Alves	09/07/1945	22/01/1973	PCBR
André Grabois	03/07/1946	13 ou 14/10/1973	PCdoB
Angelina Gonçalves	00/00/1913	01/05/1950	PCB
Ângelo Pezzuti da Silva	27/04/1946	11/09/1975	POLOP
Ângelo Cardoso da Silva	27/10/1943	23/04/1970	M3G
Ângelo Arroyo	06/11/1928	16/12/1976	PCdoB
Antogildo Pascoal Viana	21/04/1927	08/04/1964	Federação Nacional dos Estivadores
Antonio Alfredo Campos	00/00/0000	14/10/1972	PC do B
Antônio Alfredo de Lima	00/00/1938	13 ou 14/10/1973	Não consta
Antônio Bem Cardoso	21/09/1938	01/06/1970	ALN
Antonio Benetazzo	01/11/1941	30/10/1972	Molipo
Antônio Carlos Bicalho Lana	02/03/1949	30/11/1973	ALN
Antônio Carlos Monteiro Teixeira	22/08/1944	20, 21, 26 ou 29/9/1972	PCdoB
Antônio Carlos Nogueira Cabral	14/10/1948	12/04/1972	ALN
Antônio Carlos Silveira Alves	00/00/0000	01/04/1964	Movimento estudantil - Centro Acadêmico da Faculdade Nacional de Direito (Caco)
Antônio de Araújo Veloso	04/12/1934	31/08/1976	Não consta
Antônio de Pádua Costa	12/06/1943	14/01/1974	PCdoB
Antonio dos Três Reis de Oliveira	19/11/1948	17/05/1970	ALN
Antônio Expedito Carvalho Perera	00/00/1931	00/00/1971	VPR
Antonio Ferreira Pinto	16/07/1932	entre 14/01 e 30/04/1974	PCdoB
Antonio Guilherme Ribeiro Ribas		29/11/1973 ou 19/12/1973	PCdoB
Antonio Henrique Pereira Neto	28/10/1940	27/05/1969	Não consta
Antônio Hernandes	00/00/1922	23/01/1974	Não consta
Antônio Joaquim de Souza Machado	13/09/1939	15/02/1971	VAR-Palmares
Antônio José dos Reis	15/12/1925	07/10/1963	Não consta

Por trás das chamas

Nome	Nascimento	Morte/Desap.	Organização Política
Antonio Luciano Pregoni	09/07/1936	21/11/1973	MLN-T
Antônio Marcos Pinto de Oliveira	16/02/1950	29/03/1972	VAR-Palmares
Antônio Raymundo de Lucena	11/09/1921	20/02/1970	PCB/VPR)
Antônio Sérgio de Mattos	08/02/1948	23/09/1971	ALN
Antonio Teodoro de Castro	12/04/1945	25/12/1973 ou 27/2/1974	PCdoB
Ari de Oliveira Mendes Cunha	Não consta	01/04/1964	Não consta
Arildo Valadão	28/12/1948	24/11/1973	PCdoB
Ari Lopes de Macedo	02/01/1943	22/02/1963	Sem comprovação de militância política
Armando Teixeira Fructuoso	20/05/1923	00/09/1975	PCdoB
Arnaldo Cardoso Rocha	28/03/1949	15/03/1973	ALN
Arno Preis	08/07/1934	15/02/1972	Molipo
Ary Abreu Lima da Rosa	28/05/1949	28/10/1970	Movimento estudantil (Centro Acadêmico Estudantes Universitários de Engenharia - (CAEUE)
Ary Cabrera Prates	10/09/1931	05/04/1976	ROE/PVP
Augusto Soares da Cunha	03/06/1931	01/04/1964	Não consta
Áurea Eliza Pereira	06/04/1950	13/06/1974	PCdoB
Aurora Maria Nascimento Furtado	17/06/1946	10/11/1972	ALN
Avelmar Moreira de Barros	11/03/1917	24/03/1970	VAR-Palmares/M3G
Aylton Adalberto Mortati	13/01/1946	04/11/1971	ALN/Molipo
Benedito Gonçalves	28/08/1931	20/08/1979	Não consta
Benedito Pereira Serra	08/05/1913	16/05/1964	ULTAP
Batista	00/00/0000	30/04/1974	Não consta
Bergson Gurjão Farias	17/05/1947	08/05, 2 ou 3 ou 5 0/1972	PCdoB
Bernardino Saraiva	00/00/0000	14/04/1964	Não consta
Boanerges de Souza Massa	00/00/1938	21/06/1972	Molipo
Caiupy Alves de Castro	16/08/1928	21/11/1973	Não consta
Carlos Alberto Soares de Freitas	12/08/1939	00/02/1971	VAR-Palmares
Carlos Augusto Barroso	00/00/0000	06/11/1988	Não consta
Carlos Eduardo Pires Fleury	05/01/1945	10/12/1971	Molipo
Carlos Lamarca	27/10/1937	17/09/1971	VPR/MR-8
Carlos Lima Aveline	00/00/1913	00/00/1974	PCB
Carlos Marighella	05/12/1911	04/11/1969	PCB/ALN
Carlos Nicolau Danielli	14/09/1929	30/12/1972	PCdoB
Carlos Roberto Zanirato	00/00/1948	29/06/1969	VPR
Carlos Schirmer	30/03/1896	01/05/1964	PCB
Carmem Jacomini	00/00/0000	00/04/1977	ALN/VPR/MR-8
Cassimiro Luiz de Freitas	11/12/1912	19/03/1970	VAR-Palmares
Catarina Helena Abi Eçab	29/01/1947	08/11/1968	ALN
Célio Augusto Guedes	20/06/1920	15/08/1972	PCB
Celso Gilberto de Oliveira	26/12/1945	30/12/1970	VPR
Chael Charles Schreier	23/04/1946	24/11/1969	VAR-Palmares
Cilon Cunha Brum	03/02/1943	27/02/1974	PCdoB
Ciro Flávio Salazar de Oliveira	26/12/1943	30/09/1972	PCdoB
Cloves Dias de Amorim	22/07/1946	23/10/1968	Não consta
Custódio Saraiva Neto	05/04/1952	15/02/1974	PCdoB
Daniel José de Carvalho	13/10/1945	11/07/1974	VPR
Daniel Ribeiro Callado	16/10/1940	28/06/1974	PCdoB

Nome	Nascimento	Morte/Desap.	Organização Política
Darcy José dos Santos Mariante	29/11/1928	08/04/1966	PTB/Grupo dos Onze
Dario Gilberto Goñi Martinez	00/00/0000	01/01/1971	Não consta
David Capistrano da Costa	16/11/1913	19/03/1974	PCB
David de Souza Meira	22/06/1943	01/04/1968	Não consta
David Eduardo Chab Tarab Baabour	02/05/1954	10/06/1976	Sem militância política
Dênis Casemiro	09/12/1942	18/05/1971	VPR
Dermeval da Silva Pereira	16/01/1945	28/03/1974	PCdoB
Devanir José de Carvalho	15/07/1943	07/04/1971	MRT
Dimas Antônio Casemiro	06/03/1946	19/04/1971	MRT
Dinaelza Santana Coqueiro	22/03/1949	28/12/1973 ou 8-9/04/1974	PCdoB
Dinalva Conceição Oliveira Teixeira	16/05/1945	25/12/1973 ou 16-24/07/1974 ou 00/10/1974	PCdoB
Diógenes de Arruda Câmara	00/00/1914	00/00/1979	PCB
Divino Ferreira de Souza	12/09/1942	13 ou 14/10/1973	PCdoB
Divo Fernandes D'Oliveira	03/01/1895	00/00/1964 ou 00/00/1965	PCB
Djalma Carvalho Maranhão	27/11/1915	30/07/1971	PTN
Dorival Ferreira	05/11/1932	03/04/1970	ALN
Durvalino Porfírio de Souza	23/10/1947	00/00/1973	Não consta
Edgar de Aquino Duarte	22/02/1941	00/06/1973	Não se aplica
Edmur Péricles Camargo	04/11/1914	16/06/1971	M3G, ALN, PCB
Edson Luiz Lima Souto	24/02/1950	28/03/1968	Movimento estudantil
Edson Neves Quaresma	11/12/1939	05/12/1970	VPR
Eduardo Antônio da Fonseca	23/02/1947	23/09/1971	ALN
Eduardo Collen Leite	28/08/1945	08/12/1970	VPR/Rede/ALN
Eduardo Collier Filho	05/12/1948	23/02/1974	AP/APML
Eduardo Gonzalo Escabosa	05/03/1947	02/08/1980	Montoneros
Eduardo Licarião de Sá Roriz	00/00/1954	00/00/1995	Não consta
Edu Barreto Leite	20/08/1940	13/04/1964	
Eiraldo de Palha Freire	15/05/1946	04/07/1970	ALN)
Eliane Martins	Não consta	Não consta	Não se aplica
Elmo Corrêa	16/04/1946	25/12/1973	PCdoB
Elson Costa	26/08/1913	15/01/1975	PCB
Elvaristo Alves da Silva	28/12/1923	10/04/1965	PTB
Emmanuel Bezerra dos Santos	17/06/1947	04/09/1973	PCR
Enrique Ernesto Ruggia	25/07/1955	13/07/1974	Não se aplica
Epaminondas Gomes de Oliveira	16/11/1902	20/08/1971	PCB
Eremias Delizoicov	27/03/1951	16/10/1969	VPR
Esmeraldina Carvalho Cunha	00/00/1922	00/00/1972	Não consta
Eudaldo Gomes da Silva	01/10/1947	07 e 09/01/1973	VPR VPR
Evaldo Luiz Ferreira de Souza	05/06/1942	07 e 09/01/1973	VPR, MNR VPR. MNR
Ezequias Bezerra da Rocha	24/12/1944	11/03/1972	PCB
Feliciano Eugênio Neto	11/05/1920	29/09/1976	PCB
Félix Escobar	22/03/1923	09 ou 10/1971	MR8
Fernando Augusto da Fonseca	13/01/1946	29/12/1972	PCBR
Fernando Augusto de Santa Cruz Oliveira	20/02/1948	23/02/1974	AP

Por trás das chamas

Nome	Nascimento	Morte/Desap.	Organização Política
Fernando Borges de Paula Ferreira	01/10/1945	29/07/1969	Var-Palmares
Fernando da Silva Lembo	05/07/1952	01/07/1968	Não se aplica
Flávio Carvalho Molina	08/11/1947	07/11/1971	ALN
Flavio Ferreira da Silva	07/12/1934	10/04/1975	Não se aplica
Francisco Alves Cabral	00/00/1923	01/11/1969	Não consta
Francisco das Chagas Pereira	02/04/1944	00/08/1971	PCB
Francisco Emanuel Penteado	12/29/1952	15/03/1973	ALN
Francisco José de Oliveira	05/04/1943	05/11/1971	Molipo
Francisco Manoel Chaves	não consta	20 ou 21 ou 26 ou 29/09/1972	PCdoB
Francisco Seiko Okama	02/05/1947	15/03/1973	ALN
Francisco Tenório Cerqueira Júnior	04/07/1940	18/03/1976	Não se aplica
Frederico Eduardo Mayr	29/10/1948	24/02/1972	Molipo
Tito de Alencar Lima (Frei Tito)	14/09/1945	07/08/1974	Não se aplica
Gastone Lúcia de Carvalho Beltrão	02/11/1950	22/01/1972	ALN
Gelson Reicher	20/02/1949	20/01/1972	ALN
Geraldo Bernardo da Silva	20/08/1925	17/07/1969	Comitê Sindical dos Ferroviários da Estrada de Ferro Central do Brasil
Geraldo da Rocha Gualberto	01/03/1935	07/10/1963	Não consta
Gerardo Magela Fernandes Torres da Costa	00/00/1950	28/05/1973	Movimento estudantil (presidente DCE da Universidade de Sorocaba)
Gerosina Silva Pereira	15/07/1918	09/09/1978	VPR
Gerson Theodoro de Oliveira	31/08/1947	22/03/1971	VPR
Getúlio de Oliveira Cabral	04/04/1942	29/12/1972	PCBR
Gilberto Olímpio Maria	11/03/1942	25/12/1973	PCdoB
Gildo Macedo Lacerda	08/07/1949	28/10/1973	AP
Gilson Miranda	Não consta	07/10/1963	Não se aplica
Grenaldo de Jesus da Silva	17/04/1941	30/05/1972	Não se aplica
Guido Leão	00/00/1956	27/09/1979	Não se aplica
Guilherme Gomes Lund	11/07/1947	25/12/1973	PCdoB
Gustavo Buarque Schiller	19/11/1950	22/09/1985	Var-Palmares. Colina
Hamilton Fernando Cunha	00/00/1941	11/02/1969	VPR
Hamilton Pereira Damasceno	15/03/1948	00/00/1972	ALN
Helber José Gomes Goulart	19/09/1944	16/07/1973	ALN
Hélcio Pereira Fortes	24/01/1948	28 a 31/01/1972	ALN
Helenira Resende de Souza Nazareth	11/01/1944	28, 29 ou 30/09/1972	PCdB
Heleny Ferreira Telles Guariba	17/03/1941	12/07/1971	VPR
Hélio Luiz Navarro de Magalhães	23/11/1949	01 e 03/1974	PCdoB
Helio Zanir Sanchotene Trindade	00/00/0000	28/12/1970	MCR
Henrique Cintra Ferreira de Ornellas	00/00/1920	21/08/1973	Não consta
Hercules de Oliveira Soares	00/00/1937	00/00/1972	Não consta
Higino João Pio	11/01/1922	03/03/1969	PSD
Hiran de Lima Pereira	10/03/1913	15/01/1975	PCB
Hiroaki Torigoe	02/12/1944	05/01/1972	Molipo
Honestino Monteiro Guimarães	28/03/1947	10/10/1973	AP
Horacio Domingo Campiglia	06/06/1949	12/03/1980	Montoneros (Secretário Militar)
Humberto Albuquerque Câmara Neto	28/05/1947	08/10/1973	Movimento estudantil (UNE)

Nome	Nascimento	Morte/Desap.	Organização Política
Iara Iavelberg	07/05/1944	20/08/1971	Polop/MR8
Ishiro Nagami (está na CNV)	00/00/1941	04/09/1969	ALN
Idalísio Soares Aranha Filho	21/08/1947	13/06/1972, 12/07/1972 ou 13/07/1972	PCdoB
Iêda Santos Delgado	09/07/1945	11/04/1973	ALN
Iguatemi Zuchi Teixeira	06/02/1944	03/07/1968	Não se aplica
Inocêncio Pereira Alves	00/00/1900	18/03/1967	PCB
Iris Amaral	00/00;1946 ou 00/00/1947	01/02/1972	Não consta
Izis Dias de Oliveira	12/01/1942	30/01/1972	ALN
Ismael Silva de Jesus	12/08/1953	09/08/1972	PCB
Israel Tavares Roque	03/01/1929	15/11/1964	PCB
Iss ami Nakamura Okano	25/11/1945	14/05/1974	ALN
Itair José Veloso	10/06/1930	15/05/1975	PCB
Iuri Xavier Pereira	02/08/1948	14/06/1972	PCB
Ivan Mota Dias	29/10/1942	15/05/1971	VPR
Ivan Rocha Aguiar	12/14/1941	01/04/1964	Juventude Comunista do PCB
Jaime Petit da Silva	18/06/1945	28/11/1973 e 22/12/1973	PCdoB
James Allen Luz	21/12/1938	24/03/1973	Var-Palmares
Jana Moroni Barroso	10/06/1948	02/01/1974 ou 08/02/1974	PCdoB
Jane Vanini	08/09/1945	06/12/1974	ALN
Jarbas Pereira Marques	27/08/1948	07 e 08/01/73	VPR
Jayme Amorim de Miranda	18/07/1926	04/02/1975	PCB
Jean Henri Raya Ribard	04/08/1944	21/11/1973	Não consta
Jayme Araujo	00/00/1925	00/00/1993	Não se aplica
Jayme Goifmam	00/00/1928	00/00/1998	PCB
Jeová Assis Gomes	24/08/1948	09/01/1972	Molipo
Joana Lucia Silva Santos	00/00/0000	00/00/1997	Não consta
João Alfredo Dias	23/06/1932	00/10/1964	PCB
João Antônio Santos Abi Eçab	04/06/1943	08/11/1968	ALN
João Batista Franco Drumond	28/05/1942	16/12/1976	AP
João Batista Nunes Machado	Não consta	Não consta	Não consta
João Batista Rita	24/06/1948	05/12/1973	M3G
João Bispo dos Santos	00/00/1931	00/00/1964	Nao consta
João Bosco Penido Burnier	11/06/1917	11/10/1976	CIMI (Foi coordenador regional)
João Carlos Cavalcanti Reis	08/08/1945	30/10/1972	ALN
João Carlos Haas Sobrinho	24/06/1941	30/09/1972 ou 00/10/1972	PCdoB
João de Carvalho Barros	24/07/1908	02/04/1964	PTB
João Domingos da Silva	02/04/1949	23/09/1969	Var-Palmares
João Ferreira de Macedo Sobrinho	00/00/1917	00/00/1974	Não consta
João Fortunato Vidigal	00/00/1943	00/00/1972	AP
João Gomes da Silva	Não consta	Não consta	Não consta
João Gualberto Calatroni	07/01/1951	entre 13/10/1973 e 14/10/1973	PCdoB
João José Rodrigues	1927	1977	Não consta
João Leonardo da Silva Rocha	04/08/1939	04/11/1975	ALN

Por trás das chamas

Nome	Nascimento	Morte/Desap.	Organização Política
João Lucas Alves	03/11/1935	06/03/1969	Comando de Libertação Nacional (Colina)
João Massena Melo	16/08/1919	03/04/1973	PCB
João Mendes Araújo	29/04/1947 ou 28/07/1943	24 ou 25/01/1972	ALN
João Pedro Teixeira	05/03/1918	02/04/1962	Liga Camponesa de Sapé (fundador)
João Pereira da Silva	Não consta	Não consta	Não consta
João Roberto Borges de Souza	14/10/1946	10/10/1969	Movimento estudantil
Joaquim Alencar de Seixas	02/01/1922	17/04/1971	MRT.
Joaquim Câmara Ferreira	05/09/1913	23/10/1970	ALN
Joaquim Pires Cerveira	14/12/1923	05/12/1973	PCB
Joaquinzão	00/00/0000	00/00/1973	Não se aplica
Joel José de Carvalho	13/07/1948	13/07/1974	VPR
Joelson Crispim	16/04/1946	22/04/1970	VPR
Joel Vasconcelos Santos	09/08/1949	19/03/1971	PCdoB
Jonas José de Albuquerque Barros	15/06/1946	01/04/1964	Movimento estudantil
Jones Borges do Nascimento	1926	1991	Não consta
Jorge Alberto Basso	17/02/1951	15/04/1976	POC
Jorge Aprígio de Paula	10/02/1938	01/04/1968	PTB
Jorge Leal Gonçalves Pereira	25/12/1938,	20/10/1970	AP
Jorge Oscar Adur	19/03/1932	26/06/1980	Motoneros
José Alves da Rocha	1914	1973	ALN
José Antônio da Conceição	1949	05/08/1976	Não consta
José Arruda Alencar	Não consta	15/09/1967	Não consta
José Bartolomeu Rodrigues de Souza	05/05/1949	29/12/1972	PCBR
José Campos Barreto	02/10/1946	17/09/1971	VPR
José Carlos da Costa	1938	03/12/1973	Var-Palmares
José Carlos Novaes da Mata Machado	20/03/1946	28/10/1973	AP
José Dalmo Guimarães Lins	13/03/1937	11/02/1971	PCB
José de Oliveira		1972	Não consta
José de Souza	1931	17/04/1964	Sindicato dos Ferroviários do Rio de Janeiro
José Feliciano da Silva	1920	1964	Não consta
José Fernandes de Menezes	1935	09/04/1969	Não consta
José Ferreira de Almeida	16/12/1911	08/08/1975	PCB
José Gomes Teixeira	30/09/1941	23/06/1971	MR8
José Guimarães	04/06/1948	03/10/1968	Não consta
José Humberto Bronca - Zeca e Fogoió.	08/09/1934	25/12/1973 ou 13/3/1974 ou 13/5/1974	PCdoB
José Idésio Brianezi	23/03/1946	13/04/1970	ALN
José Inocêncio Barreto	16/10/1940	05/10/1972	Sindicato dos Trabalhadores Rurais de Escada
José Isabel do Nascimento	08/07/1931	07/10/1963	Não consta
José Pinheiro Jobim	02/08/1909	24/03/1979	Partido Comunista Brasileiro
José Júlio de Araújo	22/07/1943	18/08/1972	ALN
José Lavéchia	25/05/1919	13/07/1974	VPR
José Lima Piauhy Dourado - Ivo e José	24/3/1946 ou 30/3/1946	entre 24/12/1973 e 25/1/1974	PCdoB

Nome	Nascimento	Morte/Desap.	Organização Política
José Manoel da Silva	02/12/1940	09/01/1973	VPR
José Maria Ferreira Araújo	06/06/1941	23/09/1970	VPR
José Maurílio Patrício - Mané e Manoel do 'B'.	13/09/1944	out/74	PCdoB
José Maximino de Andrade Neto	20/09/1913	18/08/1975	PCB
José Mendes de Sá Roriz	30/12/1927	17/02/1973	PCB
José Milton Barbosa	22/10/1939	05/12/1971	ALN
José Montenegro de Lima	27/10/1943	29/09/1975	PCB
José Nobre Parente	17/10/1928	19 ou 20/5/1966	Não consta
José Porfírio de Souza	12/07/1913	17/07/1973	PRT
José Raimundo Costa	28/12/1939	05/08/1971	VPR
José Roberto Arantes de Almeida	07/02/1943	04/11/1971	PCB
José Roberto Spiegner	30/12/1948	17/02/1970	MR8
José Roman	01/10/1904	19/03/1974	PCB
José Sabino	Não consta	19/05/1966	Não consta
José Silton Pinheiro	31/05/1949	29/12/1972	PCBR
José Soares dos Santos	1952	30/1/1977 e 4/2/1977	Não consta
José Toledo de Oliveira - Vítor	17/07/1941	20/9/1972, 21/9/1972, 26/9/1972 ou 29/9/1972	PCdoB
José Wilson Lessa Sabag	25/10/1943	03/09/1969	ALN
Juan Antonio Carrasco Forrastal	30/01/1945	28/10/1972	Não consta
Juares Guimarães de Brito	22/01/1938	19/04/1970	VPR
Juarez Rodrigues Coelho	Não consta	14/08/1972	Não consta
Juvelino Andrés Carneiro da Fontoura Goulart	04/02/1943	30/12/1977	PCR do Uruguai
Kleber Lemos da Silva - Quelé e Carlito	21/05/1942	29/6/1972 ou 07/1972	PCdoB
Labibe Elias Abduch	1899	01/04/1964	Não consta
Lauriberto José Reyes	02/03/1945	27/02/1972	Molipo
Leopoldo Chiapetti	17/06/1906	21/05/1965	Grupo dos Onze
Libero Giancarlo Castiglia - Joca	04/07/1944	25/12/1973	PCdoB
Lígia Maria Salgado Nóbrega	30/07/1947	29/03/1972	Var-Palmares
Liliana Inês Goldemberg	17/09/1953	02/08/1980	Montoneros
Lincoln Bicalho Roque	25/05/1945	13/03/1973	PCdoB
Lincoln Cordeiro Oest	17/06/1907	21/12/1972	PCdoB
Lorenzo Ismael Viñas	20/06/1955	26/06/1980	Montonero
Lourdes Maria Wanderley Pontes	31/03/1943	29/12/1972	PCBR
Lourenço Camelo de Mesquita	18/08/1926	30/07/1977	PCB
Lourival Moura Paulino - Paulino	1917	21/05/1972	Não consta
Lúcia Maria de Souza - Sônia.	22/06/1944	24/10/1973	PCdoB
Lucimar Brandão Guimarães	08/02/1949	31/07/1970	Var-Palmares
Lucindo Costa	29/05/1919	26/07/1967	PCB
Lúcio Petit da Silva - Beto	01/12/1943	29/11/1973 ou 14/1/1974 ou 21/4/1974 ou 28/4/1974 ou 2/5/1974	PCdoB
Luis Alberto Andrade de Sá e Benevides	28/09/1942	08/03/1972	PCBR
Luiz Hirata	23/11/1944	20/12/1971	AP

Por trás das chamas

Nome	Nascimento	Morte/Desap.	Organização Política
Luíz Ignácio Maranhão Filho	25/01/1921	03/04/1974	PCB
Luisa Augusta Garlippe - Tuca	16/10/1941	25/12/1973 ou entre 5/1974 e 7/1974	PCdoB
Luiz Affonso Miranda da Costa Rodrigues	Não consta	25/01/1970	Não consta
Luiz Almeida de Araújo	27/08/1943	24/06/1971	ALN
Luiz Antônio Santa Bárbara	08/12/1946	28/08/1971	MR8
Luiz Carlos Augusto	18/11/1944	23/10/1968	Não consta
Luiz Carlos de Almeida	25/11/1945	13 ou 14/09/1973	POC
Luiz Eduardo da Rocha Merlino	18/10/1947	19/07/1971	POC
Luiz Eurico Tejera Lisbôa	19/01/1948	02 ou 03/09/1972	ALN
Luiz Fogaça Balboni	25/05/1945	25/09/1969	ALN
Luiz Gonzaga dos Santos	18/06/1919	13/09/1967	Não consta
Luiz Guilhardini	01/06/1920	04/01/1973	PCB
Luiz José da Cunha	02/09/1943	13/07/1973	PCB
Luiz Mario Reynolds	Não consta	1966	Não consta
Luiz Paulo da Cruz Nunes	13/10/1947	22/10/1968	Não consta
Luiz Renato do Lago Faria	22/10/1952	06 ou 07/02/1980	Não consta
Luiz Renato Pires de Almeida	18/11/1944	02/10/1970	ELN
Luiz Renê Silveira e Silva - Duda	15/07/1951	19/01/1974 ou 03/1974,	PCdoB
Luiz Vieira - Luizinho		dez/73	PCdoB
Lyda Monteiro da Silva	05/12/1920	27/08/1980	Não consta
Manoel Aleixo da Silva	04/06/1931	29/08/1973	Ligas Camponesas
Manoel Alves de Oliveira	21/10/1934	08/05/1964	Não consta
Manoel Bezerra Sobrinho	1942	1973	Não consta
Manoel Custódio Martins	22/05/1934	07/02/1978	PTB
Manoel Fiel Filho	07/01/1927	17/01/1976	PCB
Manoel José Mendes Nunes de Abreu	01/01/1949	23/09/1971	ALN
Manuel José Nurchis - Gil	19/12/1940	set/72	PCdoB
Manoel Lisbôa de Moura	21/02/1944	04/09/1973	PCR
Manoel Raimundo Soares	15/03/1936	13 ou 20/08/1966	MR-26
Manoel Rodrigues Ferreira	06/03/1950	05/08/1968	Não consta
Márcio Beck Machado	16/01/1943	17/05/1973	Molipo
Marcos Antônio Braz de Carvalho	05/01/1940	28/01/1969	ALN
Marco Antônio Dias Batista	07/08/1954	mai/70	VAR-Palmares
Marco Antônio da Silva Lima	21/10/1941	14/01/1970	PCBR
Marcos Basílio Arocena da Silva Guimarães	10/12/1940	09/07/1976	Não consta
Marcos José de Lima - Zezinho	03/11/1947	dez/73	PCdoB
Marcos Nonato da Fonseca	01/06/1953	14/06/1972	ALN
Margarida Maria Alves	05/08/1932	12/08/1983	Sindicato de Trabalhadores Rurais de Alagoa Grande
Maria Ângela Ribeiro	1946	21/06/1968	Não consta
Maria Augusta Thomaz	14/11/1947	17/05/1973	Molipo
Maria Auxiliadora Lara Barcellos	25/03/1945	01/06/1976	VAR-Palmares

Nome	Nascimento	Morte/Desap.	Organização Política
Maria Célia Corrêa - Rosa	30/04/1945	02/01/1974 ou 05/03/1974	PCdoB
Maria Lúcia Petit da Silva - Maria	20/03/1950	16/06/1972	PCdoB
Maria Regina Lobo Leite Figueiredo	05/06/1938	29/03/1972	VAR-Palmares
Maria Regina Marcondes Pinto	17/07/1946	10/04/1976	MIR
Mariano Joaquim da Silva	08/05/1930	31/05/1971	Var-Palmares
Marilena Villas Boas Pinto	08/07/1948	03/04/1971	MR8
Mário Alves de Souza Vieira	14/06/1923	17/01/1970	PCB e PCBR
Mário de Souza Prata	26/09/1945	03/04/1971	MR8
Mário Renniê Entrala	Não consta	Não consta	Não consta
Massafumi Yoshinaga	22/01/1949	07/06/1976	VPR
Maurício Grabois - Mário.	02/10/1912	25/12/1973	PCdoB
Maurício Guilherme da Silveira	03/02/1951	22/03/1971	VPR
Merival Araújo	04/01/1949	14/04/1973	ALN
Miguel Joaquim de Carvalho	Não consta	1984	Não consta
Miguel Pereira dos Santos - Cazuza	12/07/1943	20/09/1972 ou 26/09/1972 ou 30/10/1972	PCdoB
Miguel Sabat Nuet	12/03/1923	30/11/1973	Não consta
Milton Soares de Castro	23/06/1940	28/04/1967	MNR
Míriam Lopes Verbena	11/02/1946	08/03/1972	PCBR
Mónica Suzana Pinus de Binstock	30/01/1953	12/03/1980	Montoneros
Napoleão Felipe Biscaldi	1911	27/02/1972	Não consta
Nativo da Natividade de Oliveira	20/11/1953	23/10/1985	PT
Neide Alves dos Santos	12/09/1944	07/01/1976	PCB
Nelson Corrêa de Oliveira	Não consta	1964	Não consta
Nelson José de Almeida	out/47	11/04/1969	Corrente Revolucionária de Minas Gerais
Nelson de Souza Kohl	25/01/1940	15/09/1973	POC
Nelson Lima Piauhy Dourado - Nelito e Alexandre	03/05/1941	02/01/1974	PCdoB
Nestor Vera	19/07/1915	01/04/1975	PCB
Newton Eduardo de Oliveira	13/10/1921	01/09/1964	PCB
Nilda Carvalho Cunha	05/07/1954	14/11/1971	MR8
Nilton Rosa da Silva	02/02/1949	15/06/1973	MIR
Norberto Armando Habegger	09/08/1941	31/07/1978 ou 03/08/1978	Montoneros
Norberto Nehring	20/09/1940	24/04/1970	ALN
Odair José Brunocilla	18/11/1937	06/05/1978	Não consta
Odijas Carvalho de Souza	21/10/1945	08/02/1971	PCBR
Olavo Hanssen	14/12/1937	09/05/1970	PORT
Onofre Ilha Dornelles	21/07/1918	28/12/1964	PTB
Onofre Pinto	26/01/1937	13/07/1974	VPR
Orlando da Silva Rosa Bonfim Júnior	14/01/1915	08/10/1975	PCB
Orlando Momente - Landim e Landinho	10/10/1933	25/12/1973, 30/12/1973 ou 25/01/1974	PCdoB
Ornalino Cândido da Silva	1949	01/04/1968	Não consta
Orocílio Martins Gonçalves	23/10/1954	30/07/1979	Movimento dos Trabalhadores na Construção Civil
Osório Rodrigues da Silva	1954	1995	Não consta

Por trás das chamas

Nome	Nascimento	Morte/Desap.	Organização Política
Osvaldo Orlando da Costa - Osvaldão, Mineirão	27/04/1938	07/02/1974 ou 04/1974	PCdoB
Otávio Soares Ferreira da Cunha	1898	04/04/1964	Não consta
Otoniel Campos Barreto	11/04/1951	28/08/1971	MR-8
Paschoal Souza Lima		30/03/1964	Sindicato dos Trabalhadores da Lavoura de Valadares
Pauline Philippe Reichstul	18/07/1947	07 e 09/01/1973	VPR
Paulo César Botelho Massa	05/10/1945	30/01/1972	ALN
Paulo Costa Ribeiro Bastos	16/02/1945	11/07/1972	MR8
Paulo de Tarso Celestino da Silva	26/05/1944	12/07/1971	ALN
Paulo Guerra Tavares	22/08/1937	29/05/1972	VPR
Paulo Mendes Rodrigues - Paulo	25/09/1931	25/12/1973	PCdoB
Paulo Roberto Pereira Marques - Amauri	14/05/1949	dez/73	PCdoB
Paulo Stuart Wright	02/07/1933	set/73	APML
Paulo Torres Gonçalves	28/12/1949	26/03/1969	Não consta
Pedro Alexandrino Oliveira Filho - Peri.	19/03/1947	10/03/1974 ou 04/08/1974	PCdoB
Pedro Carretel - Carretel		02/01/1974	Não consta
Pedro Domiense de Oliveira	14/05/1921	07/05/1964	PCB
Pedro Inácio de Araújo	08/06/1909	set/64	Liga Camponesa
Pedro Jerônimo de Souza	30/06/1912	17/09/1975	PCB
Pedro Paulo Bretas	1945	1995	Colina
Pedro Ventura Felipe de Araújo Pomar	23/09/1913	16/12/1976	PCdoB
Péricles Gusmão Régis	05/12/1925	12/05/1964	MTR
Raimundo de Santana Machado	Não consta	1964	PCB
Raimundo Eduardo da Silva	23/03/1948	05/01/1971	AP
Raimundo Ferreira Lima	22/06/1937	29/05/1980	Sindicato dos Trabalhadores Rurais
Raimundo Gonçalves de Figueiredo	23/03/1939	27/04/1971	Var-Palmares
Raimundo Nonato Paz - Nicolau 21		02/01/1971	Não consta
Ramires Maranhão do Valle	22/11/1950	27/10/1973	PCBR
Ranúsia Alves Rodrigues	18/06/1945	27/10/1973	PCBR
Raul Amaro Nin Ferreira	02/06/1944	11/08/1971	Não consta
Reinaldo Silveira Pimenta	04/03/1945	27/06/1969	MR8
Roberto Adolfo Val Cazorla	04/04/1954	22/12/1976	Montonero
Roberto Cietto	10/12/1936	04/09/1969	MAR
Roberto Macarini	15/07/1950	17/04/1970 ou 28/04/1970	VPR
Roberto Rascado Rodriguez	03/03/1956	17/02/1977	UES
Rodolfo de Carvalho Troiano - Manoel do A	02/04/1949	10/1973 ou 12/01/1974	PCdoB
Rodolfo Soares Pinheiro	Não consta	1964 a 1969	PCdoB
Ronaldo Mouth Queiróz	18/12/1947	06/04/1973	ALN
Rosalindo Sousa - Mundico	02/01/1940	16/08/1973 ou 09/1973	PCdoB
Rubens Beyrodt Paiva	26/12/1929	20/01/1971	PTB
Rui Osvaldo Aguiar Pfützenreuter	03/11/1942	14/04/1972	PORT
Ruy Carlos Vieira Berbert	16/12/1947	02/01/1972	Molipo
Ruy Frasão Soares	04/10/1941	27/05/1974	PCdoB

Nome	Nascimento	Morte/Desap.	Organização Política*
Sabino Alves da Silva		17/08/1972	Não consta
Santo Dias da Silva	22/02/1942	30/10/1979	Pastoral Operária de São Paulo
Sebastião Gomes dos Santos		30/05/1969	Colina
Sebastião Tomé da Silva	20/08/1943	07/10/1963	Não consta
Sebastião Vieira da Silva		27/01/1972	Não consta
Sérgio Fernando Tula Silberberg	29/03/1955	08/04/1976	Não consta
Sérgio Landulfo Furtado	24/05/1951	11/07/1972	MR8
Sérgio Roberto Corrêa	02/07/1941	04/09/1969	ALN
Severino Elias de Mello	20/07/1913	30/07/1965	Não consta
Severino Viana Colou	1930	24/05/1969	Colina
Sidney Fix Marques dos Santos	20/01/1940	15/02/1976	PORT
Silvano Soares dos Santos	15/08/1929	25/06/1970	MR-26
Simão Pereira da Silva	Não consta	01/01/1979	Não consta
Solange Lourenço Gomes	13/05/1947	01/08/1982	MR8
Soledad Barrett Viedma	06/01/1945	08/01/1973	VPR
Sônia Maria de Moraes Angel Jones	09/11/1946	30/11/1973	ALN
Stuart Edgar Angel Jones	11/01/1945	14/05/1971	MR8
Suely Yumiko Kamaiama - Sueli e Chica	25/05/1948	Entre 25/12/1973 e 28/12/1973 ou setembro de 1974	PCdoB
Telma Regina Cordeiro Corrêa - Lia	23/07/1947	01/1974 ou 07/09/1974	PCdoB
Tércio Tavares de Melo	Não consta	1964	PCB
Therezinha Viana de Assis	22/07/1941	03/02/1978	AP
Thomaz Antônio da Silva Meirelles Netto	01/07/1937	07/05/1974	ALN
Tito de Alencar Lima	14/09/1945	10/08/1974	Não consta
Tobias Pereira Júnior - Josias	26/11/1949	17/12/1973 ou 15/02/1974	PCdoB
Túlio Roberto Cardoso Quintiliano	06/09/1944	12/09/1973	PCBR
Uirassu de Assis Batista - Valdir	05/04/1952	abr/74	PCdoB
Umberto de Albuquerque Câmara Neto	02/05/1947	08/10/1973	APML
Valdir Salles Sabóia	01/03/1950	29/12/1972	PCBR
Vandick Reidner Pereira Coqueiro - João do B	09/12/1949	17/01/1974	PCdoB
Virgílio Gomes da Silva	15/08/1933	29/09/1969	PCB
Vitor Carlos Ramos	18/01/1944	13/07/1974	VPR
Vitorino Alves Moitinho	03/01/1949	27/10/1973	PCBR
Vitor Luis Papandreu	1947	1971	Não consta
Vladimir Herzog	27/06/1937	25/10/1975	PCB
Walquíria Afonso Costa - Walk	02/08/1947	entre 30/9/1974 e 25/10/1974	PCdoB
Walter de Souza Ribeiro	24/09/1924	03/04/1974	PCB
Walter Kenneth Nelson Fleury	10/10/1954	entre 06/08/1976 e 09/08/1976	OCPO
Walter Ribeiro Novaes	01/08/1939	12/07/1971	VPR
Wânio José de Mattos	27/04/1926	16/10/1973	VPR
Wilson Silva	21/04/1942	22/04/1974	ALN

Por trás das chamas

Nome	Nascimento	Morte/Desap.	Organização Política*
Wilson Souza Pinheiro	1933	21/07/1980	Sindicato dos Trabalhadores Rurais de Brasileia (AC) e PT
Wilton Ferreira	Não consta	30/03/1972	Não consta
Yoshitane Fugimori	19/05/1944	05/12/1970	VPR
Zelmo Bosa	26/07/1937	1976	PTB
Zoé Lucas de Brito Filho	17/08/1944	28/06/1972	ALN
Zuleika Angel Jones	05/06/1923	14/04/1976	Não consta

Bibliografia

A seleção abaixo traz biografias e testemunhos, estudos acadêmicos e reportagens jornalísticas, romances, peças e outras produções bibliográficas sobre os mortos e desaparecidos políticos e as violações aos direitos humanos cometidas pelo Estado brasileiro durante a ditadura militar. São textos que narram, investigam, expressam e comunicam, para as atuais e futuras gerações, o terrorismo de Estado no Brasil e a resistência contra ele.

Biografias, testemunhos, reportagens e estudos

ALMEIDA FILHO, Hamilton. **A sangue quente: a morte do jornalista Wladimir Herzog**. São Paulo: Alfa-Ômega, 1978.

ALVES, Marcio Moreira. **Torturas e Torturados**. Cidade Nova, 1967.

ANISTIA INTERNACIONAL. **Desapariciones**. Caracas: Fundamentos, 1983.

AQUINO, Maria Aparecida de. LEISTER FILHO, Adalberto. MATTOS, Marco Aurélio Vannuchi Leme de, SWENSSON, Walter Júnior (Org.). **Alimentação do Leviatã nos planos regional e nacional: as mudanças no DEOPS/SP no pós 1964** (v.5). Brasília: Imprensa Oficial, 2002.

AQUINO, Maria Aparecida de; MATTOS, Marco Aurélio V. l. de; SWENSSON Jr. Walter Cruz; LONGHI, Carla Reis. O DEOPS/SP. **Em Busca do Crime Político. Dossiês DEOPS/SP: Radiografias do Autoritarismo Republicano Brasileiro**. Vol. 4. Brasília: Imprensa Oficial, 2002.

AQUINO, Maria Aparecida de; MATTOS, Marco Aurélio V. l. de; SWENSSON Jr. Walter Cruz (Organizadores). **No Coração das Trevas: O DEOPS/SP visto por dentro. Dossiês DEOPS/SP: Radiografias do Autoritarismo Republicano Brasileiro**. Vol. 1. Brasília: Imprensa Oficial, 2001.

ARBEX, Daniela. Cova 312. Rio de Janeiro: Intrínseca, 2023. **Sobre Milton Soares de Castro**.

ARNS, Dom Paulo Evaristo; WRIGHT, Rev. Jaime (Coordenadores). **Brasil Nunca Mais**. Petrópolis: Vozes, 1985.

ASSIS, Denise. **Claudio Guerra: Matar e Queimar**. São Paulo: Kotter Editorial, 2020.

ASSUNÇÃO, Luis Fernando. **Assassinados pela ditadura**. Santa Catarina: Insular, 2004.

BERCHET, Verônica. **Coração vermelho: a vida de Elza Monerat**. São Paulo: Anita Garibaldi, 2002

BORGES, Carla; MERLINO, Tatiana (Org.). **Heroínas desta História: mulheres em busca de justiça por familiares mortos pela ditadura**. São Paulo: Autêntica, 2020.

BRAGA, Teodomiro; BARBOSA, Paulo. **Meu filho Alexandre Vannucchi**. São Paulo: Edição AS, 1978.

BRITO. Ana Paula. **Escrachos aos torturadores da Ditadura. Ressignificando os usos da memória**. São Paulo: Expressão Popular, 2017.

BRUM, Liniane Haag. **Antes do Passado: o silêncio que vem do Araguaia**. Porto Alegre: Arquipélago, 2012.

CABRAL, Pedro Correa. **Xambioá: Guerrilha do Araguaia**. Rio de Janeiro: Record, 1993.

CABRAL, Reinaldo; LAPA, Ronaldo (Org.). **Desaparecidos políticos**. Rio de Janeiro: Opção, 1979.

CALDAS, Álvaro. **Tirando o capuz**. Rio de Janeiro: Codecri, 1981

CAMARGO, Aspásia; GÓES, Walder de. **Meio século de combate: diálogo com Cordeiro de Farias**. Rio de Janeiro: Nova Fronteira, 1981.
CAMPOS FILHO, Romualdo Pessoa. **Guerrilha do Araguaia: a esquerda em armas**. Goiânia: UFG, 1997.
CAMPOS FILHO, Romualdo Pessoa. **Guerrilha do Araguaia: a Esquerda em Armas**. São Paulo: Anita Garibaldi, 1997.
CAMPOS, Luiz Felipe. **O massacre da Granja São Bento**. Pernambuco: CEPE, 2017.
CARVALHO, Luiz Maklouf. **Mulheres que foram à luta armada**. São Paulo: Globo, 1998.
CARVALHO, Luiz Maklouf. **O coronel rompe o silêncio**. Rio de Janeiro: Objetiva, 2004. Entrevista com Lício Augusto Ribeiro Maciel, major-adjunto do Centro de Informações do Exército.
CASALDÁGLIA, Pedro. **Martírio do padre João Bosco Penido Burnier**. São Paulo: Loyola, 2006.
CHACEL, C. **Seu amigo esteve aqui**. Rio de Janeiro: Zahar, 2012. Sobre Carlos Alberto Soares de Freitas (Var-Palmares).
COMBLING, José. **A ideologia da segurança nacional: o poder militar na América Latina**. Rio de Janeiro: Civilização Brasileira, 1978.
COMISSÃO DE FAMILIARES DE MORTOS E DESAPARECIDOS POLÍTICOS. **Direito à memória e à verdade**. Brasília: SEDH, 2007.
COMISSÃO DE FAMILIARES DE MORTOS E DESAPARECIDOS POLÍTICOS. **Dossiê dos Mortos e Desaparecidos Políticos a Partir de 1964**. São Paulo: Imesp, 1996.
COSTA, Alcir Henrique da. **Barão de Mesquita 425: a fábrica do medo**. São Paulo: Brasil Debates, 1981.
DANIEL, Herbert. **Passagem para o próximo sonho**. Rio de Janeiro: Codecri, 1982.
DANTAS, Audálio. **As duas guerras de Vlado Herzog**. Rio de Janeiro: Civilização Brasileira, 2012.
DIAS, Renato. **As Quatro Mortes de Maria Augusta Thomaz**. RD Comunicações Ltda, 2012. Sobre Maria Augusta Thomaz.
DIAS, Renato. **O menino que a ditadura matou: luta armada, VAR-Palmares e o desespero de uma mãe**. RD, 2015. Sobre Marcos Antônio Dias.
DIÓGENES, Maria do Socorro. **Amor, Luta e Luto no Tempo da Ditadura**. São Paulo: Ateliê Editorial, 2021. Sobre Ramires Maranhão do Valle.
DÓRIA, Palmerio. **A Guerrilha do Araguaia**. São Paulo: Alfa-Ômega, 1978.
Dossiê dos mortos e desaparecidos políticos a partir de 1964. Recife: Companhia Editora de Pernambuco, 1995.
DUARTE, Betinho. **Rua Viva: o desenho da utopia**. Belo Horizonte: Rona, 2004.
DUARTE-PLON, Leneide. **A tortura como arma de guerra. Da Argélia ao Brasil: como os militares franceses exportaram os esquadrões da morte e o terrorismo de estado**. São Paulo: Civilização Brasileira, 2016.
ESTEVÃO, Ana Maria Ramos. **Torre das guerreiras e outras memórias**. São Paulo: Editora 106. Fundação Rosa Luxemburgo, 2022.
FERNANDES, Eliane Moury; ARAÚJO, Rita de Cássia (Organizadoras). **Mulheres e militares - testemunhos sobre o Golpe de 1964 no Nordeste**. Recife: Fundação Joaquim Nabuco/ Editora Massangana, 2013.
FERNANDES, Fernando Augusto. **Voz Humana: Arquivos Secretos da Ditadura**. São Paulo: Geração Editorial, 2023.
FERNANDES, Pádua. **Ilícito absoluto: a família Almeida Teles, o coronel C. A. Brilhante Ustra e a tortura, ensaios de Pádua Fernandes**. São Paulo: Editora Patuá, 2024.

FICO, Carlos. **Como eles agiam. Os subterrâneos da ditadura militar**. Rio de Janeiro: Record, 2001. Sobre o SNI.

FIGUEIREDO, Lucas. **Lugar nenhum: militares e civis na ocultação dos documentos da ditadura**. Coleção arquivos da repressão no Brasil. São Paulo: Cia. das Letras, 2015.

FON FILHO, ATON et all. **A repressão militar-policial no Brasil, o livro chamado João**. São Paulo: Expressão Popular, 2016.

FON, Antônio Carlos. **Tortura: a história da repressão política no Brasil**. São Paulo: Global, 1979.

FREI BETTO. **Batismo de sangue: guerrilha e morte de Carlos Marighella**. 1ª. ed. 1982. São Paulo: Rocco Digital, 2006.

FREI BETTO. **Cartas da prisão (1972-1973)**. Civilização Brasileira, 1977.

FREI BETTO. **Das catacumbas (1969-1971)**. Civilização Brasileira, 1978.

FREIRE, Alípio et al. **Tiradentes, um presídio da ditadura**. São Paulo: Scipione Cultural, 1998.

FURTADO, Alencar. **Salgando a Terra**. Rio de Janeiro: Editora Paz e Terra, 1977.

GABEIRA, Fernando. **O que é isso companheiro?** 1ª. ed. 1979. São Paulo: Estação Brasil, 2016.

GARCIA, Marco Aurélio. **Contribuição à história da esquerda brasileira 1960-1979**. Em Tempo, São Paulo: ago. 1979-abr. 1980.

GASPARI, Elio. **A ditadura acabada**. São Paulo, Intrínseca, 2016.

GASPARI, Elio. **A ditadura derrotada**. São Paulo: Cia. das Letras, 2003.

GASPARI, Elio. **A ditadura encurralada**. São Paulo: Cia. das Letras, 2004.

GASPARI, Elio. **A ditadura envergonhada**. São Paulo: Cia. das Letras, 2002.

GASPARI, Elio. **A ditadura escancarada**. São Paulo: Cia. das Letras, 2002.

GODOY, Marcelo. **A Casa da Vovó**. São Paulo: Alameda, 2014.

GONÇALVES, Vanessa. **Eduardo Leite Bacuri: biografia de um guerrilheiro**. São José dos Pinhais: Plena, 2011.

GORENDER, Jacob. **Combate nas trevas**. São Paulo: Ática, 1987.

GRAEL, Cel. Dickson M. **Aventura, corrupção e terrorismo à sombra da impunidade**. Petrópolis: Vozes, 1985.

HERZOG, Clarice et al. **Vlado, retrato da morte de um homem e de uma época**. São Paulo: Brasiliense, 1985.

JOFFILY, Bernardo. **Osvaldão e a saga do Araguaia**. São Paulo: Expressão Popular, 2008.

JORDÃO, Fernando Pacheco. **Dossiê Herzog: prisão, tortura e morte no Brasil**. 1ª. ed. 1984. Belo Horizonte: Autêntica, 7a. ed., 2021.

JOSÉ, Emiliano. **Carlos Marighella: o inimigo número um**. São Paulo: Casa Amarela, 2004.

JOSÉ, Emiliano; MIRANDA, Oldack. **Lamarca, o capitão da guerrilha**. 1ª. edição 1985. Rio de Janeiro: Global Editora, 2015.

KOUTZII, Flavio. **Pedaços de morte no coração**. Porto Alegre: L&PM, 1984.

KUCINSKI, Bernardo; TRONCA, Ítalo. **Pau de Arara - A violência militar no Brasil**. São Paulo: Fundação Perseu Abramo, 2023.

LAMARCA, Carlos. **Lamarca – Ousar Lutar, Ousar Vencer**. Editora Aladande, 2021.

LAPORGIA, Reynaldo. **Dezembro sangrento: a chacina da Lapa**. Pontes, 1988.

LIMA, Samarone. **Zé: José Carlos da Mata Machado**. Belo Horizonte: Mazza, 1998.

LUPPI, Carlos Alberto. **Manoel Fiel Filho: quem vai pagar por esse crime?** São Paulo: Escrita, 1987.

LVOVICH, Daniel; MOTTA, Rodrigo Patto Sá. **Ditaduras Argentina e Brasileira em ação: violência repressiva e busca de consentimento**. Belo Horizonte: Editora UFMG, 2023.

MACHADO, Cristina Pinheiro. **Os exilados (5 mil brasileiros à espera da anistia).** São Paulo: AlfaÔmega,1979.
MACIEL, Wilma Antunes. **O capitão Lamarca e a VPR.** São Paulo: Alameda Editorial, 2006.
MAGALHÃES, Mario. **Marighella: o guerrilheiro que incendiou o mundo.** São Paulo: Companhia das Letras, 2012.
MARIANO, Nilson. **As garras do Condor.** Petrópolis: Vozes, 2003.
MARIGHELLA, Carlos. Carlos Marighella. **Manual do guerrilheiro urbano e outros textos.** Lisboa: Assírio & Alvim, 1974
MARIGHELLA, Carlos. **Escritos.** São Paulo: Livramento, 1979.
MARKUN, Paulo. **Meu querido Vlado.** São Paulo: Objetiva, 2005.
MEDEIROS, Rogério; NETO, Marcelo. **Memórias de uma Guerra Suja.** Rio de Janeiro: Topbooks, 2012.
MIR, Luis. **A revolução impossível: a esquerda e a luta armada no Brasil.** São Paulo: Círculo do Livro, 1994.
MONTEIRO, Adalberto (Org.). **Chacina da Lapa 30 Anos - A Democracia Renasceu à Custa de Muitas Lutas e Muitas Vidas.** Instituto Maurício Grabois, 2006.
MORAES, João Luiz; AHMED, Aziz. **O calvário de Sonia Angel.** Rio de Janeiro: MEC, 1994.
MORAIS, Tais. **Sem vestígios: revelações de um agente secreto da ditadura militar brasileira.** São Paulo. Geração Editorial, 2008.
MORAIS, Taís. SILVA, Eumano. **Operação Araguaia: Os arquivos secretos da guerrilha.** São Paulo: Geração Editorial, 2005.
MOTA, Uriano. **Soledad no Recife.** São Paulo: Boitempo, 2009.
NAFFAH NETO, Alfredo. **Poder, vida e morte na situação de tortura.** São Paulo: Hucitec, 1985. anexo III
NASCIMENTO, Juliana Marques do. **Guerrilheiras: Memórias da Ditadura e Militância Feminina.** São Paulo: Alameda Editorial, 2022. Sobre Dilma Rousseff e Iara Iavelberg.
NOSSA, Leonencio. Mata! **O Major Curió e as Guerrilhas no Araguaia.** São Paulo: Cia. das Letras, 2012.
OLIVEIRA, Márcio Amêndoa de. **Zequinha Barreto.** São Paulo: Expressão Popular, 2010.
PAIVA, Marcelo Rubens. **Ainda Estou Aqui.** São Paulo: Alfaguara, 2015. Sobre Eunice e Rubens Paiva.
PAIVA, Marcelo Rubens. **Não és tu, Brasil.** São Paulo: Cia. das Letras, 2007. Sobre Rubens Paiva.
PALMAR, Aluízio. **Onde foi que vocês enterraram os nossos mortos?** Travessa dos Editores. Alameda, 2005.
PATARRA, Judith Lieblich. **Iara.** São Paulo: Rosa dos Tempos, 1992.
PAZ, Carlos Eugênio. **Viagem à Luta Armada.** São Paulo: Best Seller, 2008.
POMAR, Pedro Estevam da Rocha. **Massacre na Lapa: como o Exército liquidou o Comitê Central do PC do B: São Paulo, 1976.** São Paulo: Editora Fundação Perseu Abramo, 2006.
POMAR, Wladimir. **Araguaia: o Partido e a Guerrilha - documentos inéditos.** São Paulo: Brasil Debates ,1980.
POMAR, Wladimir. **Araguaia: o partido e a guerrilha.** São Paulo: Brasil Debates, 1980.
POMAR, Wladimir. **Pedro Pomar, uma vida em vermelho.** Xamã, 2004.
PORTELA, Fernando. **Guerra de guerrilhas no Brasil.** São Paulo: Global, 1979.
Presidência da República. Secretaria Especial dos Direitos Humanos. **Direito à Memória e à Verdade: histórias de meninas e meninos marcados pela ditadura.** Brasília: SEDH, 2009.

REBELLO, Gilson. **A Guerrilha do Caparaó.** São Paulo: Alfa-Ômega, 1980.
REINA, Eduardo. **Cativeiro sem fim: As histórias dos bebês, crianças e adolescentes sequestrados pela ditadura militar no Brasil.** São Paulo: Alameda Editorial, 2019.
REIS FILHO, Daniel Aarão; SÁ, Jair Ferreira de. **Imagens da revolução.** Rio de Janeiro: Marco Zero, 1985.
RIBEIRO, Octavio. **Por que eu traí: confissões do cabo Anselmo.** São Paulo: Global, 1984.
Rio Grande do Sul. Secretaria da Administração e dos Recursos Humanos. Departamento de Arquivo Público. **Resistência em Arquivo: Memórias e histórias da Ditadura no Brasil 1962-1979.** Porto Alegre: CORAG, 2014.
SÁ, Glenio. **Araguaia, relato de um guerrilheiro.** São Paulo: Anita Garibaldi, 1990.
SIMAS, Mario. **Gritos de justiça: Brasil, 1963-1979.** São Paulo: FTD, 1986.
SIMONI, Mariana Yokoya. **Justiça em Transição no Brasil: Anistia Política e Reparação dos Militantes da Guerrilha do Araguaia.** São Paulo: Paco Editorial, 2016.
SIRKIS, Alfredo. **Os carbonários.** São Paulo: Record, 1998. Edição original 1980.
SIRKIS, Alfredo. **Roleta chilena.** São Paulo: Record, 2018. 1ª. ed.1981.
SOUZA, Percival de. **Autópsia do medo.** São Paulo: Editora Globo, 2000.
SOUZA, Percival de. **Eu, Cabo Anselmo.** Rio de Janeiro: Editora Globo, 1999.
STEINKE, Sabrina. **Operação Condor, Operações com dor: conexões repressivas em região de fronteira.** Jundiaí: Paco Editorial, 2022.
STUDART, Hugo. **A lei da selva: estratégias, imaginário e discurso dos militares sobre a guerrilha do Araguaia.** São Paulo: Geração, 2006.
STUDART, Hugo. **Borboletas e lobisomens: vidas, sonhos e mortes dos guerrilheiros do Araguaia.** Rio de Janeiro: Francisco Alves, 2018.
SYRKIS, Alfredo. **Os carbonários: memórias da guerrilha perdida.** São Paulo: Global, 1980.
TAVARES, Flávio. **Memórias do esquecimento: Os segredos dos porões da ditadura.** São Paulo: L&PM, 2022. 1ª. ed. 1999.
TELES, Janaina (Organizadora). **Mortos e Desaparecidos Políticos: reparação ou Impunidade?** São Paulo: Humanitas, 2001.
TIBÚRCIO, Carlos; MIRANDA, Nilmário. **Dos Filhos Deste Solo: Mortos e Desaparecidos Políticos Durante a Ditadura Militar - A Responsabilidade do Estado.** São Paulo: Boitempo Editorial, 2008/ 1ª. ed.; 1998.
USTRA, Carlos Alberto Brilhante. **Rompendo o silêncio.** Brasília: Editerra, 1987.
VALLI, Virginia. **Eu, Zuzu Angel, procuro meu filho.** Rio de Janeiro: Villa Rica, 1986.
VANNUCHI, Aldo. **Alexandre Vannuchi Leme: jovem, estudante, morto pela ditadura.** São Paulo: Contexto, 2014.
VANNUCHI, Camilo. **Vala de Perus, uma biografia: como um ossário clandestino foi utilizado para esconder mais de mil vítimas da ditadura.** São Paulo: Alameda Editorial, 2021.
VARGAS, Índio. **Guerra é guerra, dizia o torturador.** Rio de Janeiro: Codecri, 1981.
VIANA, Gilney; CIPRIANO, Perly. **Fome de liberdade.** Vitória: Fundação Ceciliano Abel de Almeida, 1992.

Romances e poesia

ÂNGELO, Ivan. **A Festa.** 1ª.ed.1967. São Paulo: Geração Editorial, 1995.
BENEDETTI, Ivone. **Cabo de Guerra.** São Paulo: Boitempo, 2016.
BONASSI, Fernando. **Prova Contrária.** São Paulo: Objetiva, 2003.

BRANDÃO, Ignácio de Loyola. **Zero**. 1ª. ed.1975. Rio de Janeiro: Global, 2019.
BRITTO, Ronaldo Correia de. **Estive Lá Fora**. São Paulo: Alfaguara, 2012.
CALLADO, Antonio. **Bar Don Juan**. 1ª ed. 1971. Rio de Janeiro: Nova Fronteira, 2001.
CALLADO, Antonio. **Quarup**. 1ª ed. 1967. São Paulo: José Olympio, 2021. (24ª ed.)
CALLADO, Antonio. **Reflexos do Baile**. 1ª ed. 1976. São Paulo: José Olympio, 2014.
CALLADO, Antonio. **Sempreviva**. 1ª. ed. 1981. São Paulo: José Olympio, 2014.
CARDOSO, Luiz Cláudio. **Meu pai, acabaram com ele**. Rio de Janeiro: Guanabara, 1986. (3ª. ed. Scipione, 2013)
CONY, Carlos Heitor. **Pessach: a travessia**. 1ª. ed. 1967. Rio de Janeiro: Nova Fronteira, 2021.
EMEDIATO, Luiz Fernando. **Não passarás o Jordão**. São Paulo: Geração Editorial, 2013.
FELIX, Moacyr. **Canto para as transformações do homem**. Rio de Janeiro: Civilização Brasileira, 1964.
FUKS, Julián. **A Resistência**. São Paulo: Cia. das Letras, 2015.
GRAMMONT, Guiomar de. **Palavras Cruzadas**. Rio de Janeiro: Rocco, 2015.
GULLAR, Ferreira. **Poema Sujo**. 1ª. ed. 1976. São Paulo: Cia das Letras, 2016.
KONDER, Rodolfo. **Cadeia para os mortos: histórias de ficção política**. 1ª. ed.1977. São Paulo: Editora Alfa-Ômega, 1977.
KUCINSKI, Bernardo. **A cicatriz e outras histórias**. São Paulo, Alameda Editorial, 2021.
KUCINSKI, Bernardo. **Júlia: Nos campos conflagrados do Senhor**. São Paulo, Alameda Editorial, 2020
KUCINSKI, Bernardo. **K: relato de uma busca**. São Paulo: Cia das Letras, 2016.
KUCINSKI, Bernardo. **Os visitantes**. São Paulo, Alameda Editorial, 2016.
LEITÃO, Miriam. **Tempos extremos**, 2014. Rio de Janeiro: Intrínseca, 2014.
MACHADO, Ana Maria. **Tropical sol da liberdade**. 1ª. ed. 1988. Rio de Janeiro: Objetiva, 2012.
MELLO, Thiago de. **Faz escuro, mas eu canto**. 1ª. ed.1965. Rio de Janeiro: Global, 2017.
MONTELLO, Josué. **Uma varanda sobre o silêncio**. Rio de Janeiro: Nova Fronteira, 1984
REINA, Eduardo. **Depois da rua Tutóia**. Jaú: 11Editora, 2016.
SANT´ANNA, Affonso Romano. **Que País é Este?** 1ª. ed. 1980. Rio de Janeiro: Rocco, 2010.
TAPAJÓS, Renato. **Em Câmera Lenta**. 1ª. ed. 1977. São Paulo: Carambaia, 2022.
TELLES, LYGIA FAGUNDES. **As Meninas**. 1ª. ed. 1973. São Paulo: Cia. das Letras, 2009.
TIERRA, Pedro. **Pesadelo – Narrativas dos anos de chumbo**. São Paulo: Fundação Perseu Abramo.
TIERRA, Pedro. **Poemas do povo da noite**. 1ª. ed. 1979. São Paulo: Fundação Perseu Abramo, 3ª.ed. 2009.

HQ e fotografia

FARIA, Rogério; SOUZA, Ricardo, COSTA, Jefferson. **Marighella #Livre**. São Paulo: Draco, 2020.
GERMANDO, Gustavo. **Ausencias**. São Paulo: Memorial da Resistência de São Paulo, Pinacoteca, 2015. (Exposição realizada no Arquivo do Estado de São Paulo, em dezembro de 2012).
MOREIRA, Diego; KOLBE, Gabriel. **Doutor Araguaia**. São Paulo: Alameda, 2023. Conta a história do médico João Carlos Haas Sobrinho ou "Dr. Juca", médico que integrou a guerrilha do Araguaia, durante a ditadura militar.
VILALBA, Robson. **Notas de Um Tempo Silenciado**. São Paulo: Ugra, 2015.

Por trás das chamas

Peças de teatro
por ano de estreia

Show Opinião (11/12/1964). Augusto Boal (direção geral), Dorival Caymmi (direção musical). Armando Costa, Paulo Pontes, Vianinha, Boal e coletivo Opinião (texto). Teatro de Arena. Com Nara Leão, Zé Keti, João do Vale, Suzana de Moraes e Maria Bethânia.

Liberdade, Liberdade (21/04/1965). Millôr Fernandes e Flávio Rangel (texto), Flávio Rangel (direção). Teatro de Arena e Grupo Opinião. Com: Paulo Autran, Nara Leão, Oduvaldo Vianna Filho, Tereza Rachel.

Arena conta Zumbi (01/05/1965). Augusto Boal, Gianfrancesco Guarnieri (texto). Augusto Boal (direção), Edu Lobo (música). Teatro de Arena.

O Santo Inquérito (1966). Dias Gomes (texto). Ziembinski (direção). Teatro Jovem.

Arena conta Tiradentes (1967). Augusto Boal e Gianfrancesco Guarnieri (texto). Teatro de Arena.

O Rei da Vela (29/09/1967). José Celso Martinez Corrêa (direção). Oswald de Andrade (texto de 1933). Frei Betto (direção assistente). Maria Esther Stockler (coreografia). Teatro Oficina. Remontagem pelo próprio Oficina, em dezembro de 2018.

Os fuzis da senhora Carrar (03/05/1968). Bertold Brecht (texto), Flávio Império (direção). Teatro dos Universitários de São Paulo (TUSP).

Prova de fogo (1968). Consuelo de Castro (texto).

Galileu, Galilei (1968). José Celso Martinez Corrêa (direção). Teatro Oficina.

Roda Viva (1968). Chico Buarque (texto), José Celso Martinez Corrêa (direção). Censurada após ataques em São Paulo, no Teatro Ruth Escobar, e em Porto Alegre pelo Comando de Caça aos Comunistas.

Castro Alves pede passagem (1971). Gianfrancesco Guarnieri (texto). Remontagem em 2012 pela Cia. das Artes.

Gracias senhor (1972). Direção: José Celso Martinez Corrêa. Cenografia: Lina Bo Bardi. Música: Chico Buarque. Produção: Teatro Oficina. Estreia em 1972 no Teatro Tereza Raquel, Rio de Janeiro.

Sinal de Vida (1972). Lauro César Muniz (texto). Censurada em 1972, foi a primeira peça liberada pela censura em 1979, com direção de Oswaldo Mendes. Reestreia em abril de 2016.

Calabar: o elogio da traição (censurada em 1973, estreia 1980). Ruy Guerra e Chico Buarque (texto). Fernando Peixoto (direção).

Torquemada (1973). Augusto Boal (texto e direção). Teatro de Arena. Centro Libre de Experimentación Teatral y Artística de la Universidad Nacional Autónoma de México (CLETA – UNAM).

Papa Highirte (1974). Oduvaldo Vianna Filho (Vianinha) (texto). Nelson Xavier (direção). Com Sérgio Britto, Tonico Pereira, Ângela Leal entre outros. Teatro dos Quatro, Rio de Janeiro. Encenada pelo Grupo Tapa (2021/2022) sob direção de Eduardo Tolentino de Araujo.

Ponto de partida (1976). Gianfrancesco Guarnieri (texto). Fernando Peixoto (direção). Sobre assassinato do jornalista Vladimir Herzog.

A Morte de Danton (29.04.1977). Georg Büchner (texto de 1977). Aderbal Freire Filho (direção). Estreia no Rio de Janeiro, na Galeria do Metrô da Glória.

Milagre na cela (1977). Jorge Andrade (texto).

Patética (1979). João Ribeiro Chavez Neto (texto). Sobre assassinato do jornalista Vladimir Herzog em 1975, censurado e liberada apenas em 1979.

A Lira dos 20 anos (1985). Paulo César Coutinho (texto).
Eu te amo, ditadura (1993). Sérgio Abritta (texto), Jef Telles (direção). Teatro João Ceschiatti.
Apocalipse 1,11 (14/01/2000). Teatro da Vertigem. Encenada no prédio do antigo DOPS no Rio de Janeiro e no antigo Presídio do Hipódromo em São Paulo.
Jango Jezebel: Onde estavam as travestis na ditadura? (19/08/2022). Memorial da Resistência de São Paulo e O Outro Grupo de Teatro. Luíz Fernando Marques (direção).
Pai (2003). Izaias Almada (texto), Marcelo Braga (direção). Centro Cultural de São Paulo.
O Amargo Santo da Purificação (01/04/2009). Grupo Ói Nóis Aqui Traveiz. Praça da Sé em São Paulo. Sobre Carlos Marighella.
Orfeu Mestiço - Uma Hip-Hópera Brasileira (01/11/2012). Núcleo Bartolomeu de Depoimentos, em São Paulo.
Liberdade é pouco (2013). Cooperativa Paulista de Teatro. 1º Festival de Direitos Humanos – Cidadania nas Ruas. Secretaria Municipal de Direitos Humanos e Cidadania (SMDHC).
Viúvas (31.03.2014). Ói Nóis Aqui Traveiz. Apresentação no Centro de Porto Alegre.
Guerrilheiras ou para a terra não há desaparecidos (06/09/2015). Georgette Fadel (direção), Grace Passô (texto). Espaço Sesc no Rio de Janeiro.
A Tropa (2015). Gustavo Pinheiro (texto, Rio de Janeiro: Cobogó, 2018). Prêmio Seleção Brasil em Cena - Centro Cultural Banco do Brasil (CCBB), Rio de Janeiro.
Guerrilheiras ou para a terra não há desaparecidos (2015). Gabriela Carneiro da Cunha (idealizadora), Georgette Fadel (direção), Grace Passô (texto). Peça foi encenada em Palmas, Araguaiana e Xambioa no Tocantins. Sobre 12 mulheres que lutaram na Guerrilha do Araguaia.
Guerrilheiro não tem nome (2016). Grupo Teatral Mata! Espaço Pyndorama, São Paulo.
Manual dx Guerrilheirx Urbanx (2017). Teatro do Centro de Formação Artística e Tecnológica (Cefart) do Palácio das Artes, em Belo Horizonte. Sobre a obra de Carlos Marighella.
Comum (13/07/2018). Pandora Teatro. Cine Tatro Pandora, Perus.
Retratos de Chumbo, as Rosas que Enfrentaram os Canhões (09/08/2019). Oséas Borba Neto (texto e direção). Grupo de Teatro João Teimoso. Teatro Hermilo Borba Filho em Recife.
Soledad (22.10.2019). Hilda Torres (texto), Malú Bázan (direção). Teatro Fernando Santa Cruz, em Olinda.
Antes que Desapareça (01.11.2019). Mônica Lira (direção). Grupo experimental. Teatro Fernando Santa Cruz, em Olinda.
Diana (2020). Celso Frateschi (texto). Rudifran Pompeu (Direção). Ágora Teatro. Homenagem aos mortos e aos desaparecidos onde cada lâmpada tem o nome de uma pessoa diferente para que nunca seja esquecida.
Que medo você tem de nós (2023). Cia. TEPOPOCE. Apresentação no Memorial da Resistência em São Paulo.

Filmografia
Mortos e desaparecidos políticos

A seleção abaixo traz 20 obras cinematográficas, produzidas entre 1971 e 2023, que retratam e denunciam as violações aos direitos humanos de militantes mortos e desaparecidos políticos no Brasil.

Você também pode dar um presunto legal (1971-2006)
Reflexão sobre a atuação do Esquadrão da Morte e do Delegado Sérgio Fleury, chefe do DOPS, em São Paulo. Filmado clandestinamente, o documentário nunca foi exibido por representar risco de vida para seu elenco e equipe. Na época, seus negativos foram transferidos para Cuba. Em 2006, o diretor Sérgio Muniz digitalizou o filme. Com uma narrativa atual, o documentário utiliza-se de diversos materiais em sua construção – recortes de jornais e revistas, imagens captadas diretamente da televisão, transcrição de depoimentos de pessoas torturadas e fragmentos das obras de teatro.
Link para o filme:
https://www.youtube.com/watch?v=RE8UvCUFGAk&t=401s

Paula, a história de uma subversiva (1979)
Dirigido por Francisco Ramalho Jr., com Consuelo de Castro creditada como "co-dialoguista" da obra, o filme é baseado em eventos reais e conta a história de Paula, uma jovem estudante universitária que se envolve com grupos de esquerda e se torna uma militante na luta contra a ditadura militar brasileira. Envolvida com Marco Antônio, ela é morta sob tortura pelo policial Oliveira. Anos mais tarde, a filha de Marco é sequestrada após uma festa, e é a este policial que ele precisa recorrer. "Paula, a história de uma subversiva" é um retrato emocionante e perturbador da luta pela liberdade e justiça em um período sombrio da história brasileira.
Link para o filme:
https://www.youtube.com/watch?v=Tv3LiqB0wt8

Cabra Marcado Para Morrer (1984)
Dirigido por Eduardo Coutinho, o documentário conta a história de João Pedro Teixeira, líder camponês assassinado em 1962. Em 1964, Coutinho inicia as filmagens, mas o projeto é interrompido pela censura durante a

ditadura militar. Em 1981, ele retoma o projeto inicial e reencontra os camponeses que participaram das primeiras filmagens, recontando a história de João Pedro e a luta pela reforma agrária no país. É considerado um marco no cinema documental brasileiro.

Link para o filme:
https://www.youtube.com/watch?v=DAPs2Jw6R3k

Sônia Morta e Viva (1985)

Com direção de Sérgio Wiessmann, através da história de Sônia Maria de Moraes Angel Jones, militante da Ação Libertadora (ALN) assassinada em 1973, o documentário relata episódios da ditadura militar no Brasil, a politização dos estudantes depois de 1964 e a opção deles pela luta armada. O filme é uma iniciativa do pai de Sônia, João Luiz de Moraes, na época tenente-coronel da reserva.

Lamarca (1994)

Filme brasileiro dirigido por Sérgio Rezende. O filme é baseado na história real de Carlos Lamarca, capitão do exército brasileiro que, durante a ditadura militar, se rebelou contra o regime autoritário e se tornou um dos principais líderes da guerrilha urbana. O filme retrata a jornada de Lamarca desde sua deserção do exército até a morte em uma emboscada em 1971. A história é apresentada através de flashbacks, com entrevistas de seus companheiros de luta e documentos reais. O filme mostra a coragem e a determinação de Lamarca em sua luta contra a ditadura, bem como as consequências trágicas de suas ações. "Lamarca" é uma homenagem a um dos heróis da resistência brasileira e um retrato emocionante de um dos períodos mais difíceis da história do país.

Link para o filme:
https://www.youtube.com/watch?v=KqmY5yIBs3U&t=142s

Vala Comum (1994)

A partir de uma vala comum clandestina encontrada no Cemitério de Perús, um passado mantido oculto emerge para exumar uma parte da história recente do país. Filme de João Godoy sobre as 1.049 ossadas encontradas em 1990, durante gestão de Luiza Erundina, em uma cova no cemitério Dom Bosco, no bairro de Perus, na periferia de São Paulo. Criado em 1971, o cemitério recebia corpos dos militantes desaparecidos políticos. Com depoimentos Egle Vannuchi Leme, Felícia Oliveira, Gertrud Mayr, Gilberto Molina e Ivan Seixas.

Link para o filme:
https://www.youtube.com/watch?v=6pkSKW9WoY0

15 Filhos (1996)

Dirigido por Marta Nehring e Maria de Oliveira, o filme traz uma visão das consequências humanas da ditadura militar no país a partir do depoimento dos filhos de desaparecidos ou mortos pelo regime. Além dos relatos, gravados em preto-e-branco, o filme traz imagens em cor da queda do presidente chileno Salvador Allende e das dependências de uma delegacia de polícia em São Paulo onde eram mantidas famílias de presos políticos.

Link para o filme:
https://www.youtube.com/watch?v=Iy5yRNYsUzI&t=524s

Ação Entre Amigos (1998)

Lutando contra o regime militar brasileiro, os amigos Miguel, Paulo, Elói e Osvaldo são presos pelas forças de repressão da ditadura em 1971 e torturados durante meses por Correia, responsável pela morte de Lúcia, namorada de Miguel. Vinte e cinco anos depois, os quatro amigos se reúnem ao tomar conhecimento de que o torturador, ao contrário da versão oficial, está vivo. Decidem então sequestrá-lo e matá-lo. Todavia, ao ser capturado, Correia faz uma revelação surpreendente que muda toda a história. Filme de Beto Brant.

Link para o filme:
https://www.youtube.com/watch?v=Qm6yxx6ycgU&t=2659s

Vlado: 30 Anos Depois (2005)

Dirigido por João Batista de Andrade, o filme conta a história do jornalista Vladimir Herzog, assassinado na prisão em 1975 durante o regime militar brasileiro, através de depoimentos de pessoas que conviveram com ele.

Link para o filme:
https://www.youtube.com/watch?v=pB8XCSwyOeU&t=1659s

Zuzu Angel (2006)

Dirigido por Sergio Rezende, o filme conta a história da conhecida estilista mineira Zuzu Angel, que lutou para encontrar o corpo de seu filho, desaparecido durante a ditadura militar. Ela enfrentou o governo e a censura para denunciar as violações dos direitos humanos e exigir a verdade sobre o que havia acontecido com seu filho. No filme, Daniel de Oliveira faz o filho, enquanto Zuzu Angel é interpretada por Patrícia Pillar.

Link para o filme:
https://www.youtube.com/watch?v=O1H4HW8I8Pk&t=1297s

Memória para Uso Diário (2007)

Filme realizado pelo Grupo Tortura Nunca Mais, uma organização formada por ativistas, militantes da esquerda e parentes de mortos e desparecidos durante o período do regime militar no Brasil, buscando manter viva a memória daqueles que perderam suas vidas nos 21 anos de ditadura como uma forma de não repetir o passado no futuro.

Link para o filme:
https://www.youtube.com/watch?v=Ys4781EYPBU&t=3624s

Cidadão Boilesen (2009)

Documentário dirigido por Chaim Litewski sobre as atividades e o envolvimento do empresário dinamarquês Henning Albert Boilesen, então presidente do Grupo Ultra, responsável pela Utragaz, com o aparato de repressão da ditadura militar. Através de depoimentos de personalidades e militantes do período, evidencia-se o engajamento de Boilesen, em particular com a criação da Operação Bandeirante (Oban), que não apenas financiou como trouxe quem financiasse.

Link para o filme:
https://www.youtube.com/watch?v=nTX6EOpUxvs

Diário de uma Busca (2010)

Neste documentário, a cineasta Flavia Castro investiga o desaparecimento de seu pai, Celso Castro, um militante comunista durante a ditadura militar no Brasil. A diretora usa o material de arquivo e entrevistas com familiares e amigos para traçar um retrato de seu pai e sua história política, enquanto também explora as relações familiares e a construção da identidade.

Link para trailer:
https://www.youtube.com/watch?v=CoGhWTGS8CU&t=36s

Hoje (2013)

O filme baseado no livro "Prova Contrária", de Fernando Bonassi, foi dirigido por Tata Amaral. Na trama, Denise Fraga interpreta Vera, que, após receber uma indenização do governo pela morte do marido (Luiz) durante o regime militar, compra um novo apartamento. Durante a mudança, ela começa a fantasiar com o fantasma de Luiz e a relembrar as torturas e sofrimentos que viveu durante o período. O longa recebeu seis prêmios no 44º Festival de Brasília, em 2013. Filme realizado com apoio da Petrobrás.

Link para o filme:
https://www.youtube.com/watch?v=SmaQjhW6orY

Repare Bem (2013)
O documentário dirigido por Maria de Medeiros conta a história da militante política Denise Crispim, companheira de Eduardo Leite, o Bacuri. Filha de militantes políticos, Denise testemunhou o assassinato do irmão, a prisão de sua mãe e a tortura do companheiro. Bacuri foi o preso político que permaneceu por mais tempo sob tortura ininterrupta – foram 109 dias seguidos – pelas mãos do delegado Fleury. Denise foi presa grávida de Eduarda Ditta Crispim Leite, filha de Bacuri, que também participa do documentário. Após o assassinato do marido, em 1970, Denise foi para o Chile com a filha, mas com a ascensão de Pinochet, precisou fugir para a Itália. Quarenta anos depois, ao receberem a anistia do governo brasileiro, elas contam as suas histórias.

Link para o filme:
https://www.youtube.com/watch?v=SlvidXhvXbA

Verdade 12.528 (2013)
Documentário da jornalista Paula Saccheta e do fotógrafo Peu Robles, o título "Verdade 12.528" faz referência à lei que criou a Comissão Nacional da Verdade em 2011, durante o governo Dilma Rousseff. Voltado para o público jovem, traz depoimentos dos familiares de mortos e desaparecidos políticos. Veja como manter viva a memória dos que tombaram durante a Ditadura Militar e, também, de que maneira contornar os impedimentos legais trazidos pela Lei da Anistia, promulgada há trinta anos, e prosseguir com os trabalhos de resgate e reconstrução deste período. Descubra como juntar os fatos dispersos para montar o quebra-cabeças e recuperar a imagem de uma das fases mais escuras da história do nosso País. Veja como resquícios da Ditadura Militar continuam presentes em nossa sociedade.

Link para o filme:
https://www.youtube.com/watch?v=7l9OJOGfOc0

Em Busca de Iara (2014)
Filme-documentário dirigido por Flávio Frederico, com roteiro de Mariana Pamplona, sobrinha de Iara. Retrata a vida e morte da militante política Iara Iavelberg, que lutou contra a ditadura militar brasileira na década de 1970. Traz depoimentos de amigos, familiares e companheiros de luta de Iara, e de pessoas que participaram diretamente da repressão política no período da ditadura. Apresenta registros de época e imagens do Brasil atual, estabelecendo uma ponte entre passado e presente. O filme investiga a verdadeira causa da morte de Iara em 1971, oficialmente considerada um suicídio, o que sempre gerou suspeitas e teorias conspiratórias. "Em Busca de Iara" é um documentário emocionante e esclarecedor, que nos leva a re-

fletir sobre a importância da luta pela liberdade e pela justiça social, além de ressaltar a necessidade de esclarecer os crimes cometidos durante a ditadura militar. É uma indicação valiosa para quem busca entender a história do Brasil e a luta contra a opressão política.

Link para trailer:
https://www.youtube.com/watch?v=8Djdoj8v-vI

Marighella (2019)
Filme dirigido por Wagner Moura, com o músico Seu Jorge no papel do guerrilheiro e ex-deputado Carlos Marighella, membro do Partido Comunista Brasileiro (PCB) entre 1934 e 1967, e fundador da organização armada Ação Libertadora Nacional (ALN) em 1968. Durante as gravações do filme, no início de 2018, grupos de extrema-direita ameaçaram invadir o set de filmagem, destruir cenários e dar uma surra na equipe. Carlos Marighella foi assassinado no dia 4 de novembro de 1969, mesmo dia da prisão de Rose Nogueira e diversos outros militantes.

Link para trailer:
https://www.youtube.com/watch?v=_vBFfrzNi8Q

"Osvaldão" (2019)
Dirigido por Ana Petta, André Michiles, Fabio Bardella e Vandré Fernandes, o filme conta a história de Osvaldo Orlando da Costa, líder da Guerrilha do Araguaia, a partir de depoimentos dos que conviveram com ele. Primeiro militante a chegar na região, ainda em 1967, Osvaldão que havia sido campeão de boxe nos anos 50, era amado pela população local. Foi assassinado em 4 de fevereiro de 1974. O filme é uma realização da Fundação Maurício Grabois e produção da Clementina Filmes.

Link para o trailer:
https://www.youtube.com/watch?v=JBaNT6mOxlA

Em Busca de Anselmo (2022)
Série documental em cinco capítulos, dirigida por Carlos Alberto Jr., sobre a trajetória de José Anselmo Santos, ex-marinheiro infiltrado da ditadura e responsável por delações que resultaram na tortura e assassinatos de dezenas de militantes políticos. Produzido pela Clairô Filmes e exibido nos canais da HBO e HBO Max, além do traidor, a série é composta por imagens de época e testemunhos de amigos e familiares dos militantes que foram vítimas de sua traição.

Link para o filme:
https://www.youtube.com/watch?v=NhEDRvGoBVA

O Pastor e o guerrilheiro (2023)
Na virada do milênio, Juliana, filha ilegítima de um coronel do exército que comete suicídio, descobre que seu pai foi torturador durante a ditadura militar (1964/1985). O filme recupera a trajetória do militante Miguel, que sobrevive ao massacre da guerrilha do Araguaia e sua relação no cárcere com Zaqueu preso por engano, que mais tarde se tornaria pastor evangélico. Na cela, firmam um pacto de se encontrarem na virada do milênio, na Torre de TV, em Brasília. A trama em três tempos, recupera a efervescência da UnB 68, a paisagem do baixo Araguaia, cenário da guerrilha e a Torre de TV no Reveillon do Milênio. Traz para a tela com um enfoque peculiar a emergência (e as crises) das igrejas pentecostais, no Brasil. Dirigido por Eduardo Belmonte. Produzido por Nilson Rodrigues.

Link para o trailer do filme:
https://www.youtube.com/watch?v=Fx_5_mDFWkY&pp=ygUaTyBQYXN0b3IgZSBvIGd1ZXJyaWxoZWlybyA%3D

Autores

NILMÁRIO MIRANDA – Nasceu em 1947 em Belo Horizonte e foi criado em Teófilo Otoni. É jornalista pela UFMG (Universidade Federal de Minas Gerais), com mestrado em Ciências Sociais. Na ditadura, foi militante e dirigente da Polop (Política Operária) e do POC (Partido Operário Comunista). Ex-preso político. Na transição para a democracia, dirigiu o *Jornal dos Bairros* em Contagem e foi um dos fundadores do Partido dos Trabalhadores em Minas Gerais. Co-autor com Carlos Tibúrcio do livro *Dos Filhos deste Solo - Mortos e desaparecidos políticos durante a ditadura militar: a responsabilidade do Estado* (Boitempo Editorial e Editora da Fundação Perseu Abramo, 1999 e 2ª edição, 2008). Deputado federal pelo PT mineiro por cinco mandatos. Propôs a criação e foi o primeiro presidente da Comissão de Direitos Humanos da Câmara Federal. Ministro dos Direitos Humanos no primeiro governo Lula. É o atual chefe da assessoria especial de Defesa da Democracia, Memória e Verdade do Ministério dos Direitos Humanos e Cidadania.

CARLOS TIBÚRCIO é jornalista, baiano de Salvador, nascido em 1947, cursou Física na Universidade Federal da Bahia, e foi uma das principais lideranças do Movimento Estudantil no Estado, cassado da UFBa pelo Decreto 477, em 1969. Ex-preso político no Congresso da UNE em Ibiúna (1968) e de 1973 a 1975, em São Paulo. Foi militante e dirigente da Polop (Política Operária) e do POC (Partido Operário Comunista). Co-autor com Nilmário Miranda do livro *Dos Filhos deste Solo - Mortos e desaparecidos políticos durante a ditadura militar: a responsabilidade do Estado* (Boitempo Editorial e Editora da Fundação Perseu Abramo, 1999 e 2ª edição, 2008). Co-fundador do Fórum Social Mundial, em 2001, integrante do seu Conselho Internacional. Ex-Coordenador da Equipe de Discursos dos Presidentes da República Lula e Dilma (2003 a maio 2016, golpe). Fundador e editor do Fórum 21 – Portal das Esquerdas, membro da Comissão Nacional do Movimento Geração 68 e da Coordenação do Centro de Estudos da Mídia Alternativa Barão de Itararé. Diretor da Agência de Comunicação Internacional IPS Latino-americana – Inter Press Service – e Assessor Especial da Presidência da IPS mundial.

PEDRO TIERRA, pseudônimo de Hamilton Pereira, nasceu em Porto Nacional (TO). Por sua militância na Ação Libertadora Nacional (ALN), organização de resistência à ditadura militar, cumpriu cinco anos de cárcere na década de 1970. Foi alvo de torturas como seus companheiros e companheiras. Libertado em 1977, contribuiu para a fundação de Sindicatos de Trabalhadores Rurais, da CUT e do MST. Poeta. Firma seus poemas como Pedro Tierra. Títulos publicados: *Poemas do Povo da Noite* (Menção Honrosa da Casa das Américas), Havana, Cuba 1978, escrito no cárcere (Livramento, 1979), *Missa da Terra sem males* (em parceria com Pedro Casaldáliga e Martin Coplas (Tempo e Presença,1979), *Missa dos Quilombos* (em parceria com Pedro Casaldáliga e Milton Nascimento, (Ariola, 1982), *Água de Rebelião*, (Vozes,1983), *Inventar o Fogo*, 1986), *Passarinhar* (1993), *O Porto Submerso* (1993), *Dies Irae*(1999), edições do autor. Na Alemanha teve publicada a antologia de poemas *Zeit der Widrigkeiten*, Edition Diá, 1990, reeditada por Geração Editorial e lançada em 2014, na Feira de Frankfurt que homenageou o Brasil. Em 2016 ao lado de oito companheiros ex-prisioneiros políticos publicou *A repressão Militar-Policial no Brasil (O livro chamado João)*, pela Expressão Popular. Em 2019 publicou *Pesadelo: narrativas dos anos de chumbo*, por Editora Fundação Perseu Abramo/Autonomia Literária. Foi Secretário de Cultura do Distrito Federal em duas gestões (1997/1998) e 2011/2014. Militante do Partido dos Trabalhadores desde a fundação. Ex-Presidente da Fundação Perseu Abramo (2003/2007).

Pesquisa e preparação dos anexos

TATIANA CARLOTTI – Jornalista, repórter do Fórum 21, com passagem por *Carta Maior* (2014-2021) e *Blog Zé Dirceu* (2006-2013). É graduada em História (USP), mestre em Literatura (PUC-SP) e doutora em Semiótica (USP).

ALEXANDRE SOUZA - Cientista Social, pós-doutor em Ciência Ambiental. Foi professor do Curso de Gestão Ambiental da USP e Coordenador executivo do Observatório Brasileiro de Mídia.

Este livro foi composto em fonte
Minion Pro, impresso em papel Lux
cream 70g (miolo) e Ningbo 250g
(capa), na gráfica Paym, para a
Editora Expressão Popular,
em abril de 2024, nos 60 anos
do golpe de 1964.